H 行业战略·管理·运营书系

陕北矿业
基本建设管理方式变革

邹绍辉 李强林 著

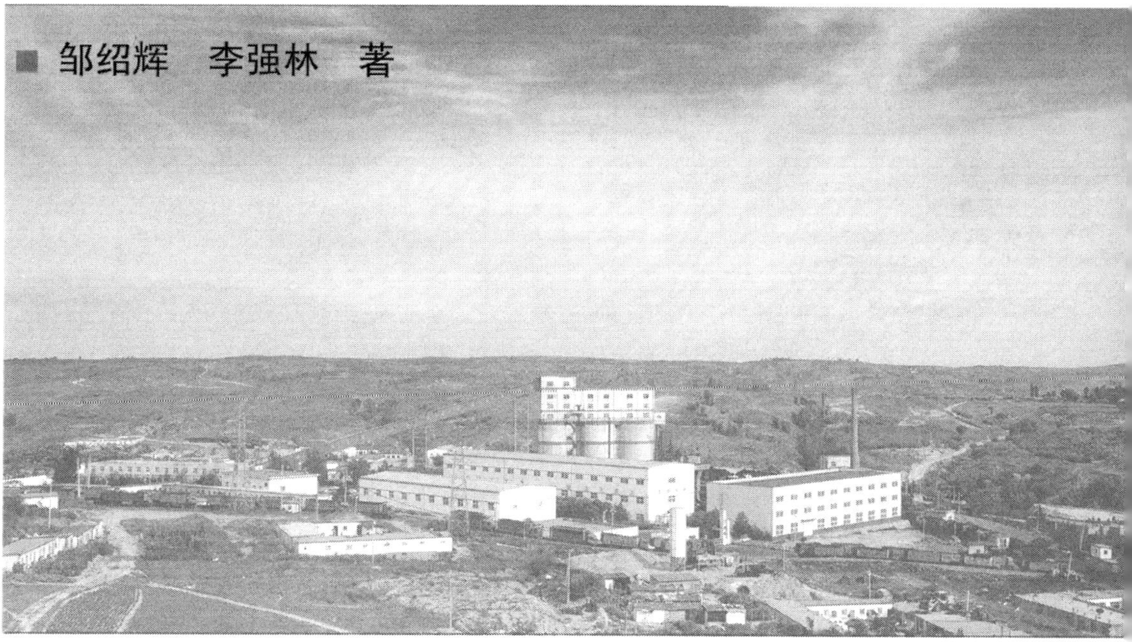

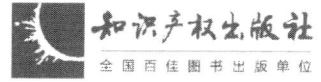

知识产权出版社
全国百佳图书出版单位

图书在版编目（CIP）数据

陕北矿业基本建设管理方式变革／邹绍辉，李强林著．—北京：知识产权出版社，2016.9

ISBN 978－7－5130－4501－8

Ⅰ．①陕…　Ⅱ．①邹…②李…　Ⅲ．①矿业—工业企业管理—研究—陕北地区　Ⅳ．①F426.1

中国版本图书馆 CIP 数据核字（2016）第 233748 号

内容提要

本书主要采用规范分析和案例研究等方法，从煤炭企业基本建设的项目开发、全生命周期管理、管理模式演变、目标设定、管理水平提升路径、管理方式变革对象、管理文化培育等方面全面分析了陕北矿业基本建设管理方式方法的变革与实践经验。其项目开发“三链一环”、效率提升“三效合一”、项目过程控制“五拳”合力、基本建设“敢·Dare”文化等方面的变革经验和成功做法，必将对陕西煤业化工集团有限责任公司现代化矿井建设和管理提供方法和案例上的支持，也将对我国煤炭企业全面提升项目开发与建设管理水平具有重要的示范和借鉴价值。

本书可供企业和政府人员参阅，也可供高等院校项目管理、经济学、管理学、MBA 和 EMBA 等专业师生参考。

责任编辑：荆成恭　　**责任出版**：卢运霞
封面设计：刘　伟

陕北矿业基本建设管理方式变革

邹绍辉　李强林　著

出版发行：知识产权出版社有限责任公司　　**网　址**：http://www.ipph.cn
社　址：北京市海淀区西外太平庄 55 号　　**邮　编**：100081
责编电话：010－82000860 转 8341　　**责编邮箱**：jingchenggong@cnipr.com
发行电话：010－82000860 转 8101/8102　　**发行传真**：010－82000893/82005070/82000270
印　刷：北京中献拓方科技发展有限公司　　**经　销**：各大网上书店、新华书店及相关专业书店
开　本：720mm×1000mm　1/16　　**印　张**：10.5
版　次：2016 年 9 月第 1 版　　**印　次**：2016 年 9 月第 1 次印刷
字　数：189 千字　　**定　价**：38.00 元

ISBN 978－7－5130－4501－8

前　言

陕西陕北矿业有限责任公司（以下简称“陕北矿业”或“公司”）是陕西煤业化工集团有限责任公司（以下简称“陕煤化集团”）的全资子公司，主要从事煤炭和煤化工产品的生产与销售，其前身是兰州军区后勤部陕北矿业管理局。20世纪80年代，在神府矿区开发的热潮中，中国人民解放军第21集团军各部先后派员参加了韩家湾煤矿、大哈拉煤矿等矿井的筹建，为以后陕北矿业的组建奠定了基础。随后，在陕西省人民政府、华能精煤公司的大力支持下，兰州军区后勤部陕北矿业管理局于1988年获得了韩家湾井田的开采权，并于当年组建了韩家湾煤炭公司。多年来，经过艰苦创业和精心经营，陕北矿业管理局为当地经济和社会发展做出了很大的贡献。在部队办矿期间，陕北矿业管理局累计向国家和当地政府缴纳各种税费以及向部队上缴利润近亿元，并先后自筹资金4000多万元投入矿井基本建设。

1998年12月，陕北矿业管理局整体移交给陕西省经贸委，2002年转入陕西省煤炭工业局，2004年2月又整体加入陕西煤业集团有限责任公司，2005年7月改制为陕西陕北矿业有限责任公司。2008年年底，根据陕煤化集团关于煤业板块上市的整体安排部署，陕西陕北矿业有限责任公司分立为陕西陕煤陕北矿业有限公司和陕西陕北矿业有限责任公司。目前，这两个公司实行的是两套班子、一套人马。因此，本书为了论述方便，把两个公司统称为陕北矿业，其基本建设管理方式涵盖了上述两个公司。

“梅花香自苦寒来”，二十多年来，陕北矿业从小到大，从部队分散独立管理、部队集中归口管理、“军转企业”地方管理到并入陕西煤业集团（2006年6月1日重组为陕煤化集团）。特别是自2009年以来，昔日的部队所办“小矿”变成“西部煤炭航母[1]”麾下主力“大矿”，被称为“陕煤进军榆林能源基地的桥头堡”。在发展布局上，陕北矿业实现了由韩家湾煤炭公司“一枝独秀”到“五朵金花”的成功转变，在项目建设上实现了安山煤矿试生产到达标达产的华丽转身，在多元发展上实现了从快速平稳收购陕西陕北基泰能源化工有限公司股权到成立并运营陕西陕北乾元能源化工有限公司的平稳过渡，在原煤生产上实现了由一个主力生产矿井到两个主力矿井的产能提升；在专业化发展布局上，形成了“煤炭生产、煤炭洗选、煤化工、生产服务、煤炭销售”协同发展态势。

——韩家湾煤炭公司（以下简称韩家湾煤矿）位于陕西省陕北神府煤田最北部的神木县大柳塔镇，矿井由中国人民解放军21集团军于1988年创建，1994年划归兰州军区后勤部陕北矿业管理局（师级单位），1998年随陕北矿业管理局整体移交给陕西省人民政府。2006年，因陕北矿业管理局进行了公司制改造，韩家湾煤炭公司更名为陕北矿业公司韩家湾煤矿，2008年12月进一步改制为公司制企业，并更名为陕西陕北矿业韩家湾煤炭有限公司。

韩家湾煤矿井田毗邻神东矿区，北邻石圪台井田，南连哈拉沟（前石畔）井田，东以陕蒙边界为界，西接神木县糖浆渠二矿。井田东西长4.7~5.1km，南北长2.1~3.0km，面积约为12.44km^2，可采煤层为1^{-2}上、1^{-2}、2^{-2}、3^{-1}和4^{-2}共五层，现主采煤层为2^{-2}，煤层平均厚度4.2m。韩家湾煤矿煤炭储量比较丰富，截至2014年年底，矿井剩余地质储量约为1.0亿万t，可采储量约为6000万t。韩家湾煤矿煤层埋藏较浅，所采煤炭为长焰煤、不粘煤，煤质具有“三高、三低”特点，即高发热量、高挥发分、高化学活性，低灰、低硫、低磷，非常适宜气化和动力用煤、低温干馏用煤。矿井属低瓦斯矿井，煤层自然发火倾向为两类。韩家湾煤矿采用四条斜井开拓井田，通风方式为中央并列式通风，主扇设备型号为FBCDZ-8N024（Ⅲ）型隔爆对旋轴流风机。

---

[1] 2014年1月8日，陕西煤业股份有限公司成为煤炭资源大省陕西省首家IPO上市的煤炭企业。陕西煤业股份有限公司是陕煤化集团唯一的煤炭业务上市平台，其煤炭地质储量和可采储量在国内已上市煤炭企业中仅次于中国神华能源股份有限公司与中国中煤能源股份有限公司，被誉为“西部煤炭航母”或“西部能源航母”。

——陕西涌鑫矿业有限责任公司（以下简称涌鑫矿业）成立于2007年1月，是由陕北矿业、府谷国有资产运营公司等四家股东共同出资组建的股份制企业。涌鑫矿业位于府谷县庙沟门镇境内，负责勘探、开发、建设府谷县庙沟门和哈镇—孤山两个勘查区（以下简称庙哈孤矿区）的煤炭资源。涌鑫矿业目前拥有安山煤矿、沙梁煤矿筹建处两个二级单位，同时管辖庙哈孤矿区北部火烧区和南部资源整合区。

安山煤矿是该涌鑫矿业投资建设的首座矿井。该矿位于府谷县城西北方向约38km处，南距神朔铁路孤山集运站约25km，距榆林市约200km。井田东西走向长10~12km，南北倾斜宽4~6km，面积约为53.82km^2。井田有可采煤层6层，自上而下依次为2^{-2}、3^{-1}、4^{-2}、5^{-1}、5^{-2}上和5^{-2}。安山煤矿于2009年7月开工，2012年4月基本建成，当前正在进行带负载试运转。安山煤矿设计可采煤炭储量为11565万t，矿井采用三个平硐同水平开拓方式，中央并列抽出式通风，长壁式采煤，一次采全高综合机械化采煤，全部垮落法管理顶板，井下主运输采用胶带输送机，辅助运输采用无轨胶轮车。安山煤矿主要产品为低灰分、特低硫、高发热量的不粘煤。

沙梁煤矿筹建处于2012年3月10日正式成立，沙梁煤矿井田东西长8.4km，南北宽5.9km，面积约为26.40km^2，矿井设计可采储量为9948万t。庙哈孤矿区北部火烧区面积约为13.7km^2，大部分煤层自然剥蚀，在国家储量管理中心备案的煤炭资源量为1541万t。庙哈孤矿区南部资源整合区面积为38.8km^2，现设置7个采矿权和1个探矿权。

——大哈拉煤矿由兰州军区原21集团军61师开工建设，始建于1988年10月，地处神木县孙家岔镇马莲塔村，南距神木县45km，北距大柳塔镇25km。2006年大哈拉煤矿对其矿井实施了补套工程，目前矿井生产基本走向了正规。大哈拉煤矿地质结构简单，单斜构造、走向南北、向西倾斜、煤层倾角0°~1°，主采煤层为3^{-1}，煤层平均厚度2.67m。井田东西长度约2.13km，南北宽约1.7km，面积约为3.32km^2。矿井属低瓦斯矿井，采取斜井开拓方式、中央并列式通风、房柱式采煤、一次采全高炮采工艺。

——陕西陕北乾元能源化工有限公司（以下简称乾元能源）位于陕西省

榆林市榆阳区麻黄梁工业产业园，是一家大型现代化煤化工循环经济企业。其前身为陕西陕北基泰能源化工有限公司，由陕北矿业与10余家民营企业于2010年5月共同出资组建。2012年4月，陕北矿业受让了其他股东的全部股权，使之成为其全资子公司。乾元能源现有60万t/年兰炭厂，采用热解装置为6台10万t/年内热式直立炭化炉；10万t/年电石厂，采用装置为2台5万t/年密闭式电石炉（负荷为30000KVA）以及配套的2台170t/日双梁式气烧窑装置；2×30MW循环流化床电厂。

——陕北矿业有限公司生产服务分公司，前身为陕北矿业机电安装公司，成立于2008年10月12日。2011年10月，陕北矿业根据生产经营和发展需要，决定将韩家湾煤炭公司综掘队、连采队成建制划入机电安装公司，同时将该公司更名为生产服务分公司（以下简称生产服务中心）。其经营范围为矿井建设及矿山设备安装，煤矿设备物资采购与供应，煤矿设备维修等。生产服务中心拥有综掘一队、综掘二队、连采队、安装队和综合服务队五个生产区队，大型生产设备综掘机6台，WC40Y型特种车4台，WC25EJ型特种车4台，连采机1台，锚杆钻车1台。目前，生产服务中心负责陕北矿业所属矿井工作面的安装和回撤，生产巷道掘进，边角煤回收等工作。其建设的韩家湾煤炭公司2403、2404精品工作面，在陕煤化集团两次质量标准化检查验收中获得了肯定。涌现出了全国百名优秀青年矿工——张波等一批先进模范人物❶。

——神木运销公司为陕北矿业全资子公司，成立于2003年，办公地点设在榆林市经济开发区长兴路陕北矿业办公楼5楼，管理人员9人，注册资金3199万元，主要从事陕西省内外煤炭运输销售业务。多年来，该公司积极发挥自身优势，以“服务企业、服务地方、实现地企双赢”为宗旨，公司不断加强内部管理，大力拓宽煤炭销售渠道，拥有了相对固定的煤源和稳定的客

---

❶ 全国百名优秀青年矿工由《中国煤炭工业》传媒联盟、中国煤炭工业杂志社组织评选，旨在宣传和落实党中央、国务院关于“全社会都来关心和爱护广大矿工”的指示精神，提升煤炭行业形象，展示青年矿工风采，增强矿工荣誉感。张波从全国500多万煤矿工人中脱颖而出，荣获首届“全国百名优秀青年矿工”称号，并于2011年4月20日参加了在北京人民大会堂举行的颁奖典礼。

户，年销售量一般在50万t左右，较好地化解了陕北矿业部分经营压力。

煤炭是一种非常重要的战略资源，也是我国经济发展和社会进步的重要命脉。在综合考虑经济新常态的长期性和可再生能源发展瓶颈后，煤炭仍然是中国经济发展和社会进步的重要支撑，煤炭在中国的主体能源地位在未来30年内不会动摇。因此，煤炭生产开采与洗选行业仍将继续肩负起保障我国能源供给安全的重要使命。

但是，经过煤炭行业“黄金十年”的快速发展后，我国煤炭行业面临着巨大的“存量”：一是煤炭企业数量众多，生产集中度低。截至2015年12月我国有规模以上煤炭企业6850家，煤矿1.08万处。二是煤炭从业人员巨大，劳动生产率低。截至2015年12月，目前我国煤炭行业从业人员总数达610万左右，减员增效压力巨大。三是过剩产能巨大，根据煤炭工业协会的统计数据，煤炭过剩产能在10亿t左右。四是环境污染日益严重，煤炭对环境的影响主要发生在开采、洗选、运输与利用过程之中，其中煤炭开采和利用环节对环境的污染最大。

当前我国煤炭行业由持续高速增长进入了“需求增速放缓期、产能过剩和库存消化期、环境制约强化期、结构调整攻坚期”的“四期并存”发展阶段，煤炭行业的低迷态势在短期内还难以改变。另外，煤炭企业普遍存在管理粗放、负担较重、产品结构单一、人均效率低等问题。因此，如何在市场疲软和管理粗放下，创新管理方式方法，进而实现“降本增效”就成为煤炭企业亟须达到的目标。

从煤炭行业全生命周期角度看，煤炭基本建设项目的决策、设计和建设构成企业资金花费的主体，又直接决定日常运营期间的成本。因此，合理管控基本建设项目投资成本和强化项目过程管理自然成了煤炭企业降本增效的重要举措，也是提高煤炭基本建设项目投资效率的关键路径。

合理管控基本建设项目投资成本和强化项目过程管理对于陕北矿业来讲，就是要求其彻底地对以往的基本建设管理方式进行变革。唯有对陕北矿业基本建设管理中那些低效方式进行革新，才能在“量价齐降”下有效实现企业“治亏创收”。

陕北矿业在煤炭行业开始呈现出疲软态势之前，自2012年起，就清醒意识到在今后较长一段时期内决定煤炭企业生存的核心因素就是成本。“成本为王”，谁能管控住成本，谁就能生存下来。唯有一分分地“抠”，才能实现逆势增长；唯有在关键环节进行“抠”，才能确保效率；唯有创新性地“抠”，才能形成核心竞争力。陕北矿业正是紧紧咬住了这一点，上至董事长，下至基层员工，全力攻克基本建设管理这块硬骨头。经过多年的变革与实践，陕北矿业在基本建设管理方式变革上实现了以下突破：

——实现了项目开发“三环一链”一体化管理。陕北矿业在项目开发上重点把握好了“三个环节”和“一条控制链”，即项目决策环节、项目管理环节、项目后评价环节和风险控制链。项目决策是基本建设项目管理的首要工作，直接关系到项目成败和利润高低。陕北矿业在实际中做到了“四精准”，一是形势研判精准，二是发展方向精准，三是决策管理精准，四是投资方案精准。在传统基本建设管理基础上，既借鉴同类煤炭企业基本建设管理经验，又突出陕北矿业特色，抓重点、立规范、树标准，以管理模式和体系创新为指引，以精细化为突破口，走出了一条简洁高效之路。陕北矿业在项目后评价上实现了两点突破：一是实现评价工作前移，即在项目开始阶段，就将对标后形成的相关指标纳入到项目建设的各个阶段；二是将绿色发展纳入到陕北矿业项目后评价中。由于单一环节的风险管理容易造成“条块化”，无法实现集成。陕北矿业在项目开发的每一个环节都运用风险因素分析、风险识别、风险评估和风险管理策略对项目开发过程中的风险进行控制，做到了闭环管理。陕北矿业借助流程管理，利用流程控制标准将基本建设管理的各个阶段和风险管理的各个环节有机结合在一起，实现了“无缝化管理”。

——形成了“12511”基本建设管理模式，即“一个目标、两轮驱动、五拳合力、一种‘敢·Dare’文化、一套变革路径”。传统上，煤炭基本建设项目管理包括“四大控制”“两管理”“一协调”。“四大控制”即质量控制、进度控制、投资控制和安全控制；“两管理”是指项目施工过程中的合同管理和信息管理；“一协调”是指项目施工过程中沟通与协调设计、承建方、设备和材料供应商之间的关系。煤炭建设项目整体上面临着生产环境复杂、受地质条件变化约束大、设计变更多、隐蔽工程多、作业环境恶劣等不利条件，要提高项目建设管理水平、节约建设成本、降低投资风险，就必须学习和引进先进的项目管理模式，并与煤炭企业自身建设管理实际情况相结合，大胆变革和创新。陕北矿业正是沿着这一思路，打造出了“12511”基本建设管理模式，全面革新了其基本建设管理方式。

基本建设管理方式一旦变革成功，效果“立竿见影”。

第一，实现了“无序”向“有序”的转变。建立起了一套科学合理的项目管理机制，提升了基本建设项目的整体执行力，对基本建设项目的安全、质量、进度、成本进行了有效控制。经过完善制度、规范程序，从源头上杜绝了“三无工程”，基本建设管理开始走上良性轨道，基本建设管理实现了规范、有序和高效，投资成本也得到了有效控制，促进了企业项目建设的高速发展。

第二，实现了“繁杂”向“简单”的转变。繁杂常常意味着低效，简单才是管理的最高境界。陕北矿业以“管用”为核心，以基本建设管理办法为纲，“剔肉存骨”，不放过任何一个漏洞和细节，见微知著、高屋建瓴地管控住陕北矿业基本建设的关键点和薄弱环节，确保价值流、信息流、物流和人才流的“合流”和“聚力”。

第三，实现了“被动”向“自适应”的转变。解放思想不是简单地“放”，更在于“自适应”后的有序。管理的真正目的是“不管”，即如何让员工自觉地自我管理。员工行为的“有序”，才能促使企业行为的高度一致。“自适应”不是自发形成的，需要强有力的“磁场”来引导和约束。陕北矿业正是通过激励约束机制、人才培养、协同工作来实现了基本建设管理的“自适应状态”。

通过对基本建设管理方式进行变革，陕北矿业总体上实现了“降本增效”目标，近年来总共节约投资成本近亿元，如果以2015年的平均吨煤毛利计算，相当于延长韩家湾煤矿开采年限2年以上。与此同时，若干个降本点，例如，韩家湾井下避难硐室内粉项目、沙梁矿三条井筒项目、乾元能源化工公司二期场平项目等，开始呈现出“燎原之势”。

通过对基本建设管理方式进行变革，陕北矿业建立起了一套有效的集

“项目决策—项目设计—项目建设—项目运营—项目评价”为一体的基本建设管理体系，夯实了企业的发展基础，培育了企业的核心竞争力，确保了“项目带动”企业发展的总体策略。

通过对基本建设管理方式进行变革，陕北矿业趟出了一条传统煤炭企业实现企业基本建设管理创新之路，即“换脑”（解放思想）与“动手”（精益改进）相结合、文化壮胆、道法自然。任何变革首先在思想上找突破口，辅之技术和手段，最后又回到思想上。陕北矿业基本建设管理新方式的成功示范，必将推动煤炭企业基本建设管理水平的提升。

作　者

2016 年 6 月

目　　录

第1章　项目开发“三环一链”

我国“富煤、贫油、少气”的能源资源赋存结构，决定了煤炭在现在和未来相当一段时期内仍是我国第一大能源资源。煤炭投资是保障国家经济社会发展的重要“助推剂”，利用好这个“助推剂”，就可以发挥好稳定经济增长和保障能源安全的作用。陕北矿业作为“西部煤炭航母”麾下的主要煤炭生产企业，项目开发对企业实现逆势发展和转型升级具有关键作用。陕北矿业在项目开发上着重把握好“三个环节”和“一条控制链”，即项目决策环节、项目管理环节、项目后评价环节和风险控制链。

1.1　项目决策

项目（project）是指具有明确目标的一系列复杂并相互关联的活动。企业为了实现增长，达到企业目标，往往需要进行项目投资。项目投资的主要对象是实体性经营资产。项目按照不同的划分标准，可以划分为不同的类型。项目按其用途不同，可分为生产性项目和非生产性项目；按其性质不同，分为基本建设项目❶（capital construction project，简称建设项目）和更新改造项目（包括设备更新和技术改造项目）。

本书所指的项目开发，主要是指基本建设项目开发。在陕北矿业，基本建设项目主要包括煤炭开采、洗选、改扩建、资源整合、煤炭转化等方面的

---

❶ 其实，“基本建设”一词源于俄文 капитальное строительство。20 世纪 20 年代初期，苏联开始使用这个术语来描述社会主义经济中基本的、需要耗用大量资金和劳动的固定资产建设，以此区别流动资产的投资和形成过程。新中国成立后，在社会主义经济建设中，沿用了这一术语。1952 年 1 月，政务院财经委员会颁发的《基本建设工作暂行办法》第一条规定：“凡是固定资产扩大再生产的新建、改建、恢复工程及与之连带的工作为基本建设。”

固定资产投资项目，其中煤炭开采项目包括矿建、土建及机电安装项目。一个完整的基本建设项目开发周期是指从设想、立项、筹资、建设、投产运营直至项目结束的整个过程。根据陕北矿业部门设置和职责划分，基本建设管理工作主要包括项目决策、项目建设和项目后评价等环节的工作，见图1－1。

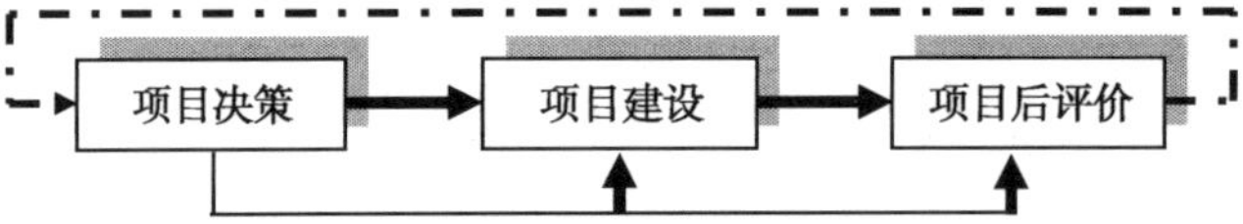
项目决策
项目建设
项目后评价

图1－1　陕北管理基本建设管理工作

根据图1－1，项目决策是基本建设项目管理的首要工作，直接关系到项目建设的成败、运营利润的高低。一方面，不同于一般资本投资项目决策，煤炭建设项目投资决策常常表现出三种特性：一是体量大，影响远，一些多元化投资项目往往决定企业的生死存活；二是不可逆性，煤炭基本建设项目资产的专用性强，项目一旦建成很难变现或转换用途；三是对决策者要求高，决策者需要在更大的范围内对项目利弊进行考量，例如集团战略、区域经济发展、国家能源安全等，这对决策者的信息分析和趋势研判能力提出了更高要求。另一方面，影响投资决策的因素众多，包括气候变化、环境保护、市场需求波动、技术进步、能源战略、产业政策、地方政府行为，等等，任何一个因素的变化都可能导致投资方向、时机和数量的改变。

因此，企业要确保一项煤炭基本建设项目的投资成功，就必须在形势研判、投资方向、决策管理等上下工夫。陕北矿业在实际中做到了“四精准”，一是形势研判精准，二是发展方向精准，三是决策管理精准，四是投资方案精准，具体见图1－2。

1.1.1　形势研判精准

长期以来，煤炭作为我国的基础能源和重要的工业原料，有力地支撑着国民经济的发展，维系着国民经济的安全，为国民经济建设做出了卓越贡献。新中国成立67年以来，煤炭在一次能源消费结构中所占的比例一直为70%左右，煤炭行业提供了近80%的发电能源、70%的化工能源和60%的民用商品能源。

煤炭作为我国新型工业化、城镇化、信息化和农业现代化的主要能源，

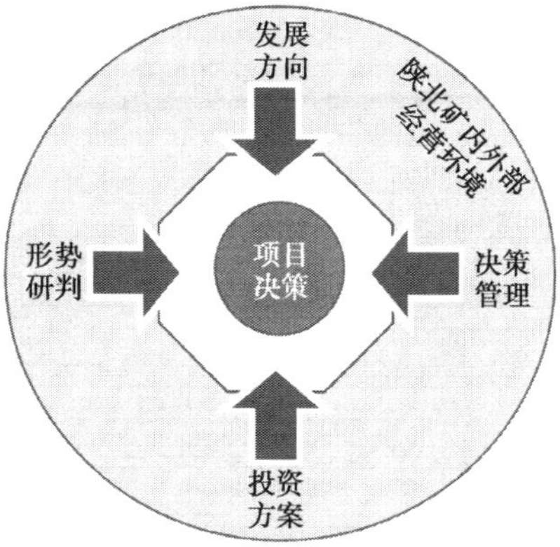
发展
方向
陕北矿内外部
经营环境
形势
研判
项目
决策
决策
管理
投资
方案

图1-2　项目决策“四精准”

对整个经济社会发展起着至关重要的作用。自1953年以来，中国煤炭生产与消费与国民经济发展保持高度的同步相关性，如图1-3所示。从1953年到2015年中国经济增速与煤炭消费增速之间的平均相关系数约为0.58。

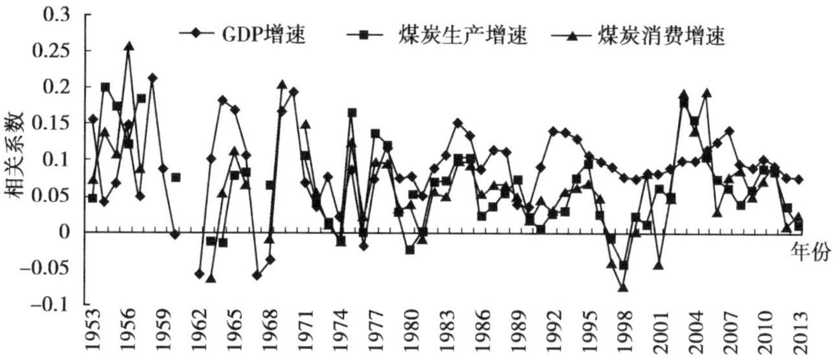
GDP增速
煤炭生产增速
煤炭消费增速
相关系数
年份
0.3
0.25
0.2
0.15
0.1
0.05
0
-0.05
-0.1
1953
1956
1959
1962
1965
1968
1971
1974
1977
1980
1983
1986
1989
1992
1995
1998
2001
2004
2007
2010
2013

图1-3　中国经济增速与煤炭消费增速的相关系数

从2002年到2012年，煤炭行业迎来了“黄金十年”。煤炭价格的快速增长导致煤炭行业过度投资，从2012年开始，煤炭价格开始下滑，见图1-4。截至2015年12月31日，秦皇岛大同优混煤（6000Kcal/kg）价格跌落到每吨595元，较高峰时期的每吨1015元下降了42%。2015年煤炭行业亏损面超过90%，行业利润总额为441亿元，仅为2011年的1/10。

面对不利态势，如何正确判断行业发展趋势决定着企业的战略决策。陕北矿业在煤炭行业发展趋势的判断上，做到了以下三个方面。

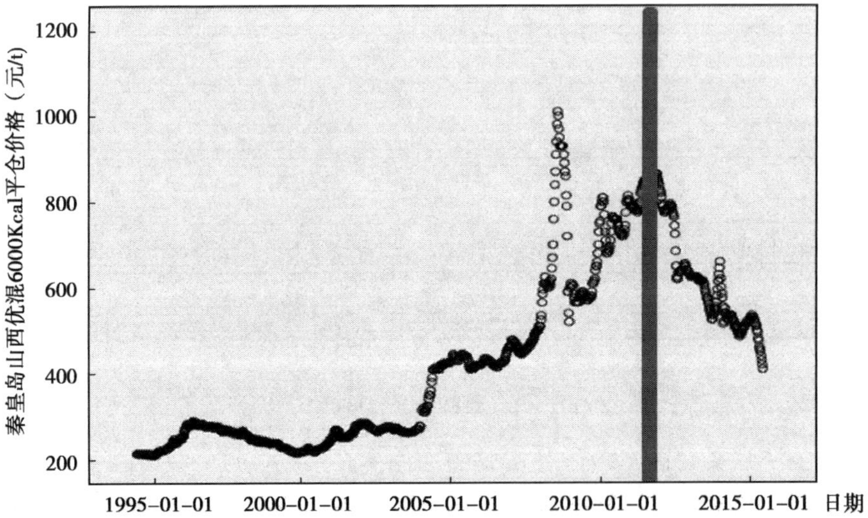
秦皇岛山西优混6000Kcal平仓价格（元/t）
1200
1000
800
600
400
200
1995-01-01
2000-01-01
2005-01-01
2010-01-01
2015-01-01
日期

图1－4　秦皇岛大同优混煤（6000Kcal/kg）价格（1995—2015）

第一，短期发展趋势做到了“提前量”。也正是在2012年，陕北矿业清醒地认识到煤炭产能剧增必将会导致煤炭价格的长期疲软。为了化解业务单一导致的经营风险，陕北矿业果断开始了产业升级和转型。2012年4月，陕北矿业公司受让了陕西陕北基泰能源化工有限公司其他股东的全部股权，使之成为陕西陕北矿业有限责任公司的全资子公司，开始了产业链延伸和相关业务多元化发展布局。

我国煤炭行业存在的问题也和国民经济的发展周期有关。改革开放以来，我国经济经历了1981年、1990年、1998年和2008年四个低谷期，由此构成了四轮经济周期，即1981—1989年、1990—1996年、1997—2007年、2008年至今，见图1－5。特别需要强调的是，2008年国际金融危机直接将我国经济拖入“严冬期”，在国民经济尚未被及时调整到位之际，国家便出台了宏观经济刺激政策，强行拉高了“十二五”前期的GDP增速，这在一定程度上给目前的经济发展方式转变带来了较大困难。

市场经济条件下，经济发展与运行带有一定的波动性和周期性。在前三轮经济周期中，最长的为11年，最短的为7年。以此类推，我国目前处于第四轮经济周期的下行区间。预计“十三五”的前半段时间（2018年以前）经济仍将继续承压，“十三五”后两年即2019年、2020年，我国经济发展将迎来第五轮增长机遇。因此，2016—2018 年煤炭行业仍将处于困难时期。

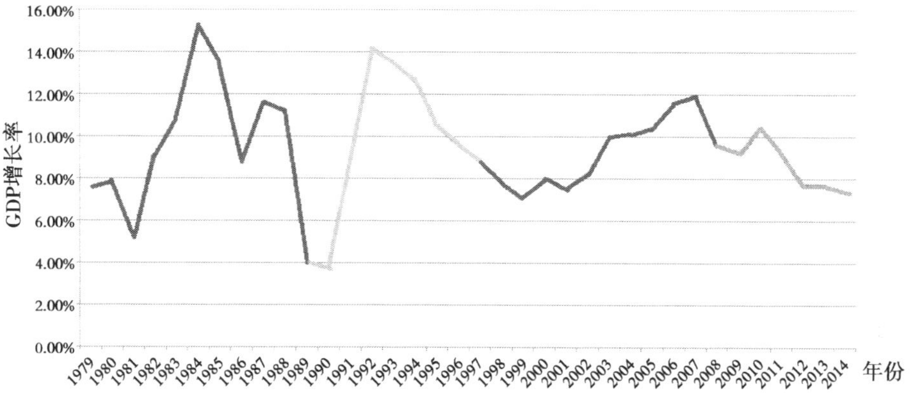
16.00%
14.00%
12.00%
10.00%
8.00%
6.00%
4.00%
2.00%
0.00%
GDP增长率
1979
1980
1981
1982
1983
1984
1985
1986
1987
1988
1989
1990
1991
1992
1993
1994
1995
1996
1997
1998
1999
2000
2001
2002
2003
2004
2005
2006
2007
2008
2009
2010
2011
2012
2013
2014
年份

图 1－5　四轮经济周期图

第二，长期发展趋势做到了“定心神”。根据《国民经济和社会发展第十三个五年规划纲要》，到 2020 年国内生产总值和城乡居民人均收入比 2010 年翻一番，预计 2020 年 GDP 要达到 92.7 万亿元。与此同时，根据我国能源中长期发展战略，到 2020 年和 2030 年，煤炭在我国一次能源消费结构中的比重还将保持在 62% 和 55% 左右。按照《国家能源战略行动计划(2014—2020 年)》，到 2020 年一次能源消费总量控制在 48 亿 t 标准煤左右。因此，到 2020 年，按煤炭消费总量占能源消费总量比重 60% 进行计算，煤炭消费总量还有 1.71 亿 t 标准煤的增量，见图 1－6。

根据上述能源总量控制目标和预期能源消费结构进行测算，2016—2020 年煤炭消费年均复合增长率将为 3.59%；煤炭年均复合增长率为 1.23%。现在，存在“去煤化”态势，主要是因为煤炭消费过程中没有控制好煤炭对环境的破坏。实际上，煤炭资源的可靠性、价格的低廉性和可洁净性，决定了煤炭作为我国主体能源的地位和作用，在今后相当长的时期内，还很难改变。

第三，区域发展趋势做到了“强信心”。国家能源局提出了“十三五”期间煤炭资源开发新思路，即“东部原则不新建，中部建一退一、适度建设资源枯竭接续项目，西部建设配套煤矿项目”，煤炭生产及流向格局逐渐清晰。煤炭新增供应主要来自华北和西北，生产重心继续西移和北移。

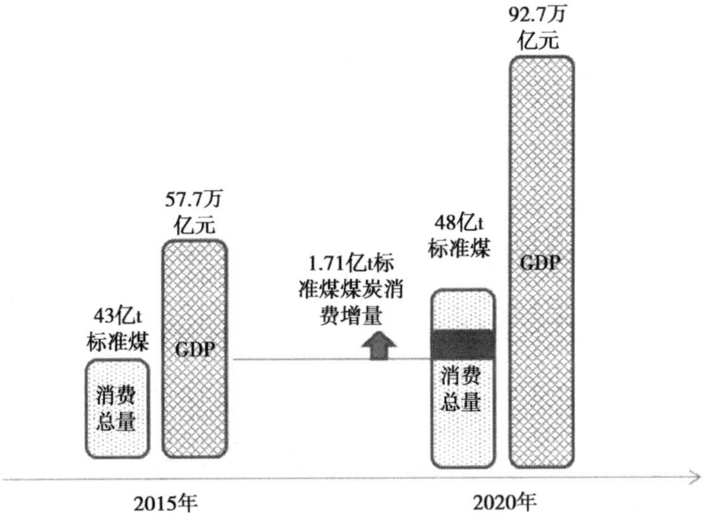
92.7万
亿元
57.7万
亿元
48亿t
标准煤
GDP
1.71亿t标
准煤煤炭消
费增量
43亿t
标准煤
GDP
消费
总量
消费
总量
2015年
2020年

图1－6　煤炭消费总量发展态势

备注：2015 年我国煤炭占一次能源消费比重为63%。

事实上，陕北矿业所属矿井正处于中国能源“金三角”地区，即宁夏宁东、内蒙古鄂尔多斯、陕西榆林三者形成的三角地区。虽然该地区国土面积仅占全国国土面积的 1.4%，但是能源产量占全国的 1/4。其中煤炭资源量 1.41 万亿 t，占全国煤炭资源总量的 25.5%；石油地质资源量 129 亿 t，占全国的 14.6%；天然气地质资源量 15.2 万亿 m^3，占全国的 29.2%。

这说明，2015—2030 年，我国煤炭产量增量几乎将全部来自于煤炭资源丰富的华北地区（晋蒙地区）和西北地区（陕宁甘新地区）。因此，尽管我国煤炭行业面临着严重经营困境，陕北矿业依然保持着高度的“战略定力”——煤炭仍将是我国的主体能源、作为区域优势企业的陕北矿业还会处于平稳发展阶段。

1.1.2　发展方向精准

发展方向选择决定着企业的生死存亡。在煤炭市场行情低迷状态下，确定正确的发展方向对于陕北矿业来说是至关重要的事情。陕北矿业没有走其他煤炭企业盲目“多元化”和激进的产业链延伸路子，而是立足企业实际情况，在“吃好煤炭这碗饭”的前提下，打造属于陕北矿业的能创造新的利润增长点的“锅”。

根据前文分析，“十三五”期间及相当长的一段时间内，煤炭行业仍将面临经济中高速增长常态化、能源需求强度下降、能源结构低碳化发展、煤炭开发和利用环境约束增强等不利因素。面对这些新形势和新变化，煤炭工业应深入推进煤炭革命，促进煤炭工业健康稳定可持续发展。

截至 2015 年年底，全国煤矿产能总规模为 57 亿 t：正常生产及改造的煤矿产能为 39 亿 t，停产煤矿产能为 3.08 亿 t，新建改扩建煤矿产能为 14.96 亿 t，其中约 8 亿 t 产能属于未经核准的违规项目。结合国内其他研究机构的预测结果，我国煤炭消费总量“天花板”在 45 亿～48 亿 t，这说明煤炭市场供大于求的态势非常严重，并且在短期内很难改变。

另外，煤炭属于高碳能源，有统计显示，在主要污染物排放中，燃煤排放的二氧化硫占 90%，碳氧化物占 75%，总悬浮颗粒物占 60%，二氧化碳占 75%；同时，每年还要排放数吨渣尘，重金属超过 2 万 t，这些排放物对人体危害很大。我国能源消费又以碳排放系数最高的煤炭为主，因此煤炭消费对环境造成的污染也就自然十分严重。

因此，煤炭的清洁高效利用是企业可持续发展的唯一出路。陕北矿业通过分析，把发展方向聚焦在“煤炭洗选”和“煤炭清洁高效转化”上。从目前看，煤炭清洁高效转化离不开现代煤化工技术。现代煤化工与传统的煤化工路线不同，它是以煤热解、气化为基础，以一碳化学为主线，合成各种替代液体燃料及化工产品，如天然气、甲醇、二甲醚、合成油、烯烃、精细化学品等，现代煤化工也是我国煤炭利用的重要方向。

陕北矿业在发展布局上，逐渐由“以煤为主”转向“煤基产业链延伸”，形成了“煤炭”（韩家湾煤矿，大哈拉煤矿，涌鑫矿业）、“煤化工”（乾元能源）和“专业化服务”（生产服务分公司）的发展布局。目前，在煤炭行业低迷的状态下，陕北矿业仍积极沿着以下方向进行转型升级，见图 1－7。

一是建设洗煤厂。《煤炭清洁高效利用行动计划（2015—2020 年）》提出到 2017 年，全国原煤入选率应达到 70% 以上；到 2020 年，全国原煤入选率达到 80% 以上。作为陕北矿业公司煤质提升和产品多元化发展的“破冰工程”，陕北矿业韩家湾煤炭公司洗煤厂的建设凝聚了各级领导的殷切希望。经过多方调研定方案、科学组织抢工期、周密安排保质量，韩家湾煤炭公司洗煤厂如期实现了竣工和正式投产。目前，陕北矿业即将建设陕西涌鑫矿业有限责任公司沙梁选煤厂，争取实现煤炭洗选 100%，进而通过提升煤

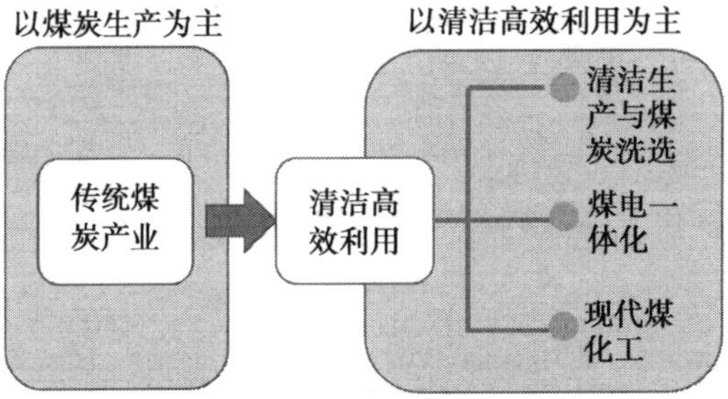
以煤炭生产为主
以清洁高效利用为主
传统煤炭产业
清洁高效利用
清洁生产与煤炭洗选
煤电一体化
现代煤化工

图1-7　陕北矿业投资方向演变

炭产品质量来提升企业核心竞争力。

二是走精细煤化工之路。乾元能源煤化工项目依托麻黄梁工业集中区周边煤炭资源，通过煤干馏、煤焦油加氢、煤化工技术及IGCC发电技术的集成创新进行煤炭深加工，最终为陕北矿业形成煤、油、电、化一体化循环经济产业链，实现煤炭资源的就地高效转化。截至2014年年底，项目一期(2013年年底完成）已完成投资93593.85万元（60万t/年兰炭、10万t/年电石项目)，项目二期也完成了前期投资费用23457万元。

在相关项目发展布局上，乾元能源化工有限公司一期20万t/年煤焦油加氢及循环经济项目建设的建设总体目标为：以榆林丰富的煤炭资源为基础，以兰炭生产为起点，利用兰炭尾气输入电厂发电，兰炭副产品煤焦油用于二期项目煤焦油加氢，部分小颗粒兰炭生产电石，电石炉尾气输入气烧石灰窑生产石灰，石灰又可作为生产电石的原料，实现资源合理分级利用，同时为二期项目建设打下坚实的基础。

三是煤电一体化发展。发电是煤炭清洁高效利用的主要方向。乾元能源化工有限公司发电分厂前身为榆林基泰阳光发展有限公司，2012年4月被陕北矿业全部收购，现为乾元能源化工有限公司分厂。该项目投资为2.16亿元，占地面积210亩，总装机容量为2×30MW中温中压凝汽式汽轮发电机组，配套2×150T/H循环流化床锅炉。电厂年发电能力为4亿度，经麻黄梁110变电站上榆林电网。电厂两台机组分别于2006年9月及12月并网发电。2014年，电厂发电量为39385.49万度，其中上网34538.62万度，实现营业收入9648.03万元。

除了发电分厂外，陕北矿业将继续在麻黄梁、袁家滩投资两个电厂。目前，项目前期手续已经取得了以下进展：在多方汇报、沟通、协调的基础上，取得了榆阳区交通运输局、榆阳区文管办关于袁大滩电厂项目选址意见；在陕煤化集团的大力支持下，取得了榆阳区关于两个电厂选址的所有支持性文件；西北电力设计院对项目进行现场调研，就项目用地与榆阳区国土局进行了技术对接和协商，对项目选址用地范围进行了审核和调整；取得陕煤化集团关于两个电厂初步可行性研究审查的上报文件，及时与西北电网公司进行了业务对接，取得榆林市政府关于上述两项目的8个支持性文件；取得陕煤化集团致函榆林市政府的协调文件，并及时报送榆林市相关部门；取得了榆林市军分区对两个电厂选址的意见；配合榆林市文物局完成了现场调查。

1.1.3　决策管理精准

项目决策是新项目运作的开始，决策的质量决定项目的成败。建设项目决策管理的主要工作内容是组织和审查工程咨询单位编制的项目建议书、项目选址意见书、环境影响评价报告、节能评估报告和可行性研究报告，办理相关部门的审批手续，等等。陕北矿业在决策管理上实现了三突出：突出投资机会研究、突出可行性研究和突出柔性决策管理研究，见图1-8。

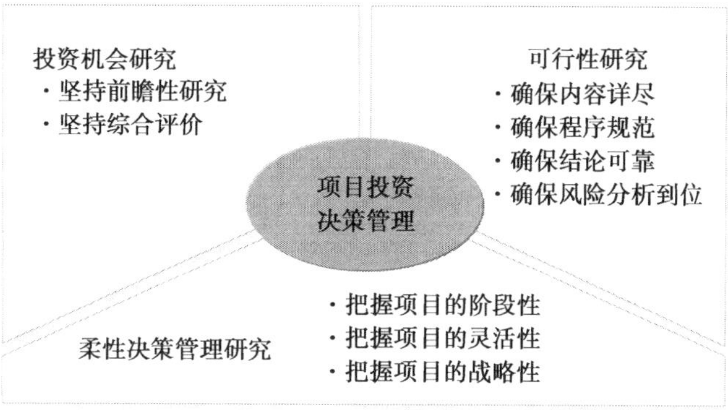
投资机会研究
·坚持前瞻性研究
·坚持综合评价
可行性研究
·确保内容详尽
·确保程序规范
·确保结论可靠
·确保风险分析到位
项目投资
决策管理
柔性决策管理研究
·把握项目的阶段性
·把握项目的灵活性
·把握项目的战略性

图1-8　陕北矿业项目决策管理

在项目开发的过程中，项目机会分析是决定项目成效的首要环节。陕北矿业在项目开发机会分析过程中，做到了“两个坚持”。第一，坚持前瞻性研究。陕北矿业定期举办各类研讨会，成立了陕北矿业经济研究室，就煤炭行业发展的若干专题展开研究和讨论，逐渐明确企业发展方向。对项目建成后的产品应用前景、供求格局、价格走势、未来拓展空间、生命周期、替代产品及竞争对手的状况进行全面分析和调研，对产品市场前景做出科学预测。第二，坚持综合评价。由于项目机会分析通常是根据类似条件和背景来判断拟投资方向的投资额，研究工作一般较为粗略。陕北矿业在实际项目开发过程中，尽量把工作做细，根据行业标准，就每一项可能投资方向都从地区分析、部门分析和资源分析三个方面进行，对相关的经济发展、产业结构、社会发展、法律法规以及技术演变趋势都进行定量分析和定性分析，最后形成项目建议书供管理者决策。

可行性研究是固定资产投资活动的一项基础性工作，可行性研究结论是投资决策的重要依据。陕北矿业在可行性研究环节实现了“四个确保”：一是确保内容详尽。对于新建和改扩建项目严格按规范格式文本编制可行性研究报告，重点阐述项目兴建理由、项目目标、市场预测、资源条件评价、技术方案、设备方案、工程方案、环境影响和投资估算。二是确保程序规范，严格按照《投资项目可行性研究指南》和《煤炭建设项目经济评价方法及参数》确立的相关程序进行。三是确保结论可靠。充分论证项目所需技术发展动态，对项目采用的主要工艺及核心技术在国内外的领先水平、成熟程度进行充分论证，对提供关键设备厂商的加工制造能力进行全面考察，保证项目工艺技术的先进性及可靠性。四是确保风险分析到位。通过盈亏平衡分析、敏感性分析等方法对项目进行风险预测并对其抗风险能力进行全面评价。通过上述四个确保，有效杜绝了“拍脑袋工程”。

柔性决策管理主要把握好了三件事：一是把握好项目的阶段性。例如，在乾元能源煤化工项目发展方面，就划分为三个阶段。一期项目建设60万t/年兰炭、10万t/年电石和2×30MW资源综合利用热电联产装置；二期项目建设50万t/年煤焦油加氢、120万t/年兰炭以及其他辅助装置；三期项目建设380万t/年粉煤热解、焦炉煤气制7亿m^3/年天然气，50万t/年LNG、粉焦制氢以及2×50MW热电项目。二是把握项目的灵活性。及时根据项目外部情况对项目投资的时间和数量进行灵活安排，以规避相应风险。三是把握项目的战略性。项目的价值除了自身收益外，还包括对其他项目的战略收益（见图1-9）。例如，陕北矿业洗煤厂建设对电厂建设就具有战略意义，该洗煤厂项目价值就不仅仅包括自身的价值，还包括对后续开发利用项目的战略价值。

1.1.4 投资方案精准

投资方案是基于投资项目要达到的目标而形成的有关投资设想的具体时

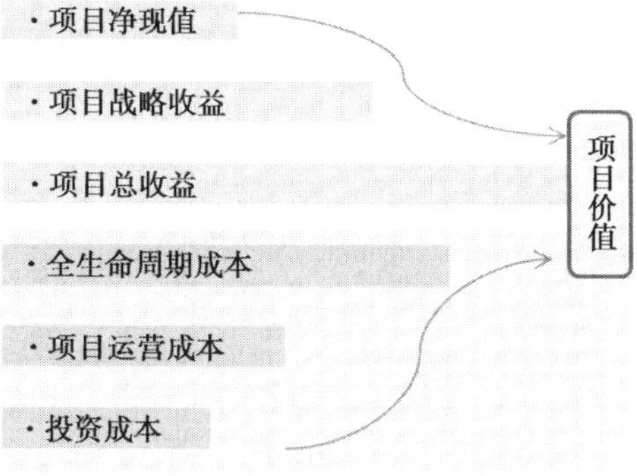
·项目净现值
·项目战略收益
·项目总收益
·全生命周期成本
·项目运营成本
·投资成本
项目价值

图1－9　陕北矿业项目决策简化模型

间安排。系统性是企业投资方案的基本特点。投资方案经过可行性研究论证后，虽然保证了方案决策的正确性和科学性，但仅仅是对方案所确定的目标是否符合国家经济发展规划和企业所预期效益的论证，最终要靠完整的实施才能获得实现。投资方案的实施过程是固定资产形成的过程，决定着生产工艺技术水平和生产装备水平是否先进以及生产能力的大小，因而直接决定着投资方案实现后企业的生产和经济效益水平。如果在投资方案实施过程中管理混乱、效率低下以及没有科学的管理方法和严格的监督保证体系，不仅会拖延建设周期和增加建设成本，而且还会影响投资方案所确定的技术要求；不但达不到预期的投资效果，还更容易使企业背上沉重的包袱。

以前陕北矿业在项目决策上把关不严，从方案编制到方案审定，都缺乏专人负责和反复推敲。结果是方案不成熟就匆匆上会，参加会议的人多数对方案相关情况不了解，会上自然也就无法提供有价值的建议。有些项目的方案是施工单位从自身利益出发编制的，与会人员碍于情面，也不愿提不同意见；有的项目甚至先有施工、后有方案；有的项目开工了还没有签订合同确定造价。这些造成了陕北矿业投资项目实施方案管理相当粗放和低效，很难保证项目的经济性和有效性。

自2015年起，陕北矿业狠抓项目实施方案管理，严格按既定程序办事，强化了方案的审批，坚决杜绝“三无工程”。公司要求所有计划实施的项目，必须进行方案审查。造价在300万元以下的项目投资方案由基层建设单位总工程师组织审核，300万元以上的项目由公司总工程师组织审核。方案的审核必须有会议纪要，坚持执行谁审批谁负责的原则。

投资方案在实施过程中还要靠设计单位、建设单位、施工单位、贷款银行、提供设备的生产厂家和物资材料部门之间的协作劳动。陕北矿业在实施过程中强化建设项目沟通管理，力求把各方面的关系处理得井然有序，实现项目管理各个环节紧密衔接。

煤炭企业投资项目一般具有工程庞大、施工周期长等特点，只有采取科学的管理程序，才能确保项目建设目标的实现。科学管理程序的首要环节就是实现设计方案的准确无误和施工图纸的完整无缺，才能开始进行合理的施工组织。例如，乾元能化公司污水处理站初步设计造价为 800 万～900 万元，经过方案反复论证修改后调整为 460 多万元；沙梁矿初设造价为 8.3 亿元，经过设计方案反复讨论和优化后，调整为 7.7 亿元。如果投资方案没有做好就让项目开工，只会导致项目的“先天不足”。

有了适当的投资方案，陕北矿业在实践中还加强了投资方案的监督实施。实践证明，重视项目实施过程的科学管理与监督是加快建设项目进度、缩短工期、提高工程质量和降低建设成本的重要保证。过去，陕北矿业很多投资项目在实施过程中管理监督不力，造成了资金缺口较大和资金浪费严重，投资效益低，达不到预期投资效果。因此，陕北矿业制定了《重大事项跟踪考核办法》，严格监督投资方案的实施。

1.2 项目建设管理

项目管理是指在确定的时间范围内，为完成既定的目标，采取特殊形式的组织运行机制，通过有效的计划、组织、指挥、协调、领导与控制，充分利用既定有限资源（指人员、资金、技术、设备、时间）的一种系统管理方法。项目管理是一项复杂的工作，具有创造性和资源有限性的特点。

建设工程项目管理是一个系统、复杂的工程，涉及业主、监理、设计、造价、施工、材料商、设备供货商以及政府相关部门等各个方面、各个环节。任何一个方面和环节出现问题都会对项目建设目标产生影响，只有充分发挥项目各方的积极性，严格遵守国家的法律、法规和工程验收规范，按国家基本建设程序办事，充分突出并发挥好建设单位的核心管理作用，借鉴先进的项目管理经验，才能建造出精品工程，实现项目建设既定目标，发挥出更好的经济效益。

传统上，煤炭基本建设项目管理包括“四大控制”“两管理”“一协调”。“四大控制”是指质量控制、进度控制、投资控制和安全控制；“两管理”是指项目施工过程中的合同管理和信息管理；“一协调”是指项目施工过程中沟通与协调设计方、承建方、设备和材料供应商之间的关系。

陕北矿业在传统基本建设管理基础上，重新厘定其管理目标，既借鉴同类煤炭企业基本建设管理经验，又突出陕北矿业特色，抓重点、立规范、树标准，以管理模式和体系创新为指引，以精细化为突破口，走出了一条简捷高效之路。本节只对陕北矿业基本建设管理规范和标准做阐述，其他内容在后续章节中加以详细分析。

1.2.1　重在管理规范

一是实现了制度规范。任何单位，办任何事，都必须有章可循，有据可依。有了制度，才能规范管理，才有可能把工作做好。陕北矿业2011年颁布的《基本建设管理办法》，对工程开（复）工报告的审批、计划统计、安全管理、质量管理、进度管理、投资管理、验收管理、档案管理等方面进行了规定。但是，《基本建设管理办法》仍然在职责和权限方面存在较多不明确的地方，这在很大程度上降低了制度的可操作性。

例如，《基本建设管理办法》第十一条规定：方案审查和图纸会审要有会议纪要，因方案审查和图纸会审不认真给公司造成损失，要追究相关人员的责任。这里就存在以下问题：一是何为不认真，二是审查和会审的标准和依据是什么，三是参加审查和会审的人员组成有哪些，四是责任的种类和处罚措施，等等。

因此，陕北矿业在公司及各所属单位实际情况的基础上，从2013年开始，相继制定了《基本建设管理补充规定办法》《工程预算审批管理办法》《井巷工程风、水管路施工管理办法》《工程预算定额选用管理办法》等基本建设管理方面的规章制度（见图1-10），使基本建设管理制度更具有指导性和操作性。通过完善管理制度，陕北矿业从根本上实现了基本建设项目管理的规范化、程序化、制度化，也为保证项目质量、进度和提高项目投资效益提供了切实可行的办法和依据。

二是积极开展建设项目程序管理规范活动。要想实现项目建设的又好又快，最基本的就是要严格履行基本建设管理程序，只有按程序办事，才能强化控制、规避风险，进而实现预期目标。根据公司实际情况，陕北矿业在2011年积极组织开展了建设项目程序管理规范年活动，并分阶段加以推进。

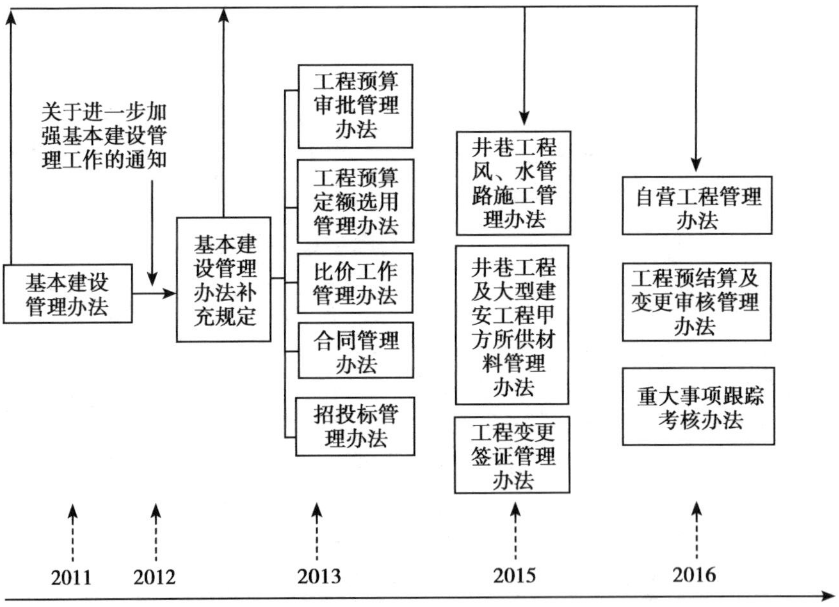
关于进一步加强基本建设管理工作的通知
基本建设管理办法
基本建设管理办法补充规定
工程预算审批管理办法
工程预算定额选用管理办法
比价工作管理办法
合同管理办法
招投标管理办法
井巷工程风、水管路施工管理办法
井巷工程及大型建安工程甲方所供材料管理办法
工程变更签证管理办法
自营工程管理办法
工程预结算及变更审核管理办法
重大事项跟踪考核办法
2011
2012
2013
2015
2016

图1-10 陕北矿业基本建设管理制度演变

第一阶段在公司各部门、各单位进行了全面动员，以查找在项目建设过程中存在的问题为主要内容，同时召开了基本建设工作推进会，制定了第一阶段活动细则。第二阶段检查了各项目建设单位管理机构设置、组织制度、招投标管理、合同管理、质量管理、建设项目投资、进度管理、信息管理等是否规范健全，并进行阶段总结。第三阶段在各项目建设单位对《基本建设项目管理制度汇编》理解和掌握情况进行考试，并对各单位建设项目程序管理规范年活动执行情况进行考核评比。

陕北矿业通过建设项目程序管理规范年活动，查找出了基本建设管理中存在的大量问题。本着“有病治病，绝不讳疾忌医”的原则，陕北矿业各级领导对查出的问题进行了认真分析，制定出切实有效的整改措施。程序管理规范年活动可以说是一场及时雨，确保了基本建设项目管理程序的规范化。

三是规范专项资金工程管理。煤矿专项资金分为安全费用、维简费用、折旧费，主要有以下四个方面的用途：一是专项用于维持企业简单再生产的费用；二是专项用于煤矿安全生产设施投入的安全费用；三是专项用于新技术、新设备及新管理方法的研究、开发和推广的新技术开发资金；四是专项用于设备、生产与生活设施大修理的费用；等等。

陕北矿业通过以下措施来确保专项资金工程管理规范：一是重视工程方案设计，每项工程必须经过相关职能管理部门的审核，并且要按规定走完审批程序。二是严把工程预算审定关，每项工程必须经基本建设管理部（现为规划发展部）审核，无批复不得开工。三是重视过程资料管理，重视重大环节及隐蔽工程认证，避免资料遗失，从各个方面维护公司利益，不让外部委托施工队伍钻空子。四是制定了专项工程竣工验收标准，对工程资料、工程实体进行验收确认，并按单位工程形成规范的竣工验收报告，对项目立项、方案确定、施工建设及变更等情况进行认真总结和描述，做到达标一项、归档一项。

1.2.2　重在标准管控

工程建设标准是为在工程建设领域内获得最佳秩序，对建设工程的勘察、规划、设计、施工、安装、验收、运营维护及管理等活动和结果需要协调统一的事项所制定的共同的、重复使用的技术依据和准则，对促进技术进步，保证工程的安全、质量、环境和公众利益，实现最佳社会效益、经济效益、环境效益和最佳效率等，具有直接作用和重要意义。

根据标准内容，基本建设标准分为设计标准、施工标准、验收标准、建设定额。设计标准是指从事工程设计所依据的技术文件。施工标准是指施工操作程序及其技术要求的标准。验收标准是指检验、接收竣工工程项目的规程、办法与标准。建设定额是指国家规定的消耗在单位建筑产品上活劳动和物化劳动的数量标准，以及用货币表现的某些必要费用的额度。

标准管控原理表明各项工作要有标准，要尽量杜绝随意性，要实现公平与公正，用技术标准、管理标准、作业标准、流程标准等实现对各个节点的管控。以前，陕北矿业在基本建设标准管控上主要存在三个问题：一是没有建立起相应的标准体系，陕北矿业 2011 年以前基本上没有相应的基本建设企业标准，只是在 2011 年颁布的《基本建设管理办法》就部分内容做出了规定，但还构不成标准。二是所采用的标准比较滞后，特别是预算管理方面的标准。三是没有明文规定标准的选用办法。

为此，陕北矿业首先对机关和二级单位的基本建设管理岗位进行了工作分析，规定了相应的素能标准和工作职责。其次，制定了图纸会审业务流程及工作标准、标准化工程业务流程和工作标准、单位工程竣工验收业务流程和工作标准、工程预算业务流程和工作标准、建设项目竣工验收业务流程和工作标准、项目建设实施业务流程和工作标准，等等。通过这些业务流程标准和工作标准，陕北矿业建立起了基本建设流程管理体系，规定了关键事项的管理标准和技术标准。最后，陕北矿业为了体现标准的权威性，直接采用相关的国家标准、行业标准以及陕西省工程建设标准（见图1－11）。

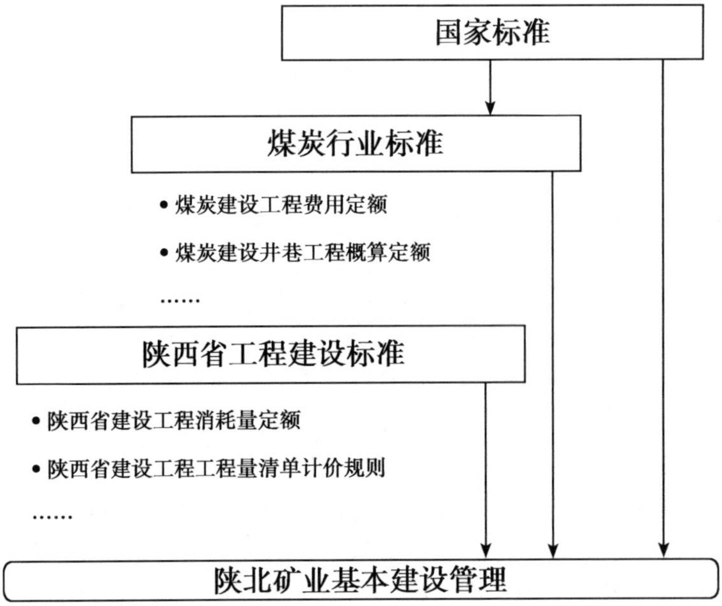
国家标准
煤炭行业标准
• 煤炭建设工程费用定额
• 煤炭建设井巷工程概算定额
……
陕西省工程建设标准
• 陕西省建设工程消耗量定额
• 陕西省建设工程工程量清单计价规则
……
陕北矿业基本建设管理

图1－11　陕北矿业基本建设标准适用

例如，原《基本建设管理办法》在定额选取上，规定如下：定额选用由基本建设管理部根据国家有关规定确定。工程预算以清单计价为主，20万元以下的小型工程可采用定额计价。矿建及设备安装工程执行2007年煤炭定额及其配套的取费文件和计算规则；土建及园林绿化工程执行2009年《陕西省建设工程工程量清单计价规则》《陕西省建设工程工程量清单计价费率》《陕西省建筑、装饰、安装、市政、园林绿化工程价目表》《陕西省建设工程施工机械台班价目表》和2004年《陕西省建设工程消耗量定额》，若有变动，公司另行确定。

新的《工程预算定额选用管理办法》规定如下：井巷及设备安装工程，

执行 2007 年《煤炭建设井巷工程消耗量定额》和《煤炭建设机电安装工程消耗量定额》及 2007 年《煤炭建设井巷辅助费综合费定额》《煤炭建设工程施工机械台班费用定额》和相对应的取费程序和取费标准。土建、园林绿化工程，执行 2009 年《陕西省建设工程工程量清单计价规则》和《陕西省建设工程工程量清单计价费率》《陕西省建筑、装饰、安装、市政、园林绿化工程价目表》《陕西省建设工程施工机械台班价目表》及 2004 年《陕西省建设工程消耗量定额》，以清单计价模式计价，取费执行相对应的取费程序和取费标准。修缮项目，执行 2001 年《全国统一房屋修缮预算定额》及相对应的取费程序和取费标准，可选用定额计价。

1.3　项目后评价

项目后评价是投资项目全生命周期中的一个重要阶段，是项目管理的重要内容。项目后评价（Post Project Evaluation）是指对已经完成项目的目的、执行过程、效益、作用和影响所进行的系统性和客观性分析。项目后评价具有改善投资决策、提高管理水平、保障企业投资效益的作用。

自 20 世纪 70 年代中期起，国际上项目后评价作为一种科学的制度，已为不少国家和国际机构所采纳。随着我国投、融资体制改革的不断深化，投资项目后评价已经成为改进投资效益、提高决策水平的重要方法与工具，并日渐引起重视。国家质量监督检验检疫总局和国家标准化管理委员会于 2013 年 12 月 31 日联合发布了国家标准《项目后评价实施指南》。项目后评价可分为项目前期决策阶段评价、项目准备阶段评价、项目实施阶段评价和项目应用/运营阶段评价。

陕北矿业在项目后评价上实现了两点突破：一是在项目后评价过程中，运用对标管理原理，确定相关评价指标的参照值，特别是用区域先进企业的基本建设管理成效来找自身的差距；二是将绿色发展纳入到陕北矿业基本建设项目后评价中。

1.3.1　对标先进

对标管理也称基准管理，是一种以先进企业作为基准，将本企业的产品、流程、服务和管理等方面的实际状况与这些基准进行比较，分析差距产生的原因，进而构建改进策略和方法的管理方法。推行对标管理，就是要求企业紧紧盯住业界最好水平，明确自身的差距，从而指明工作的总体方向。

“对标”就是对比标杆找差距。标杆除了是业界最好水平以外，还可以是企业自身最好水平。通过与自身相比较，企业可以增强自信，不断超越自我，从而能更有效地推动企业向业界最好水平靠齐。

第一，选取陕西渭北老矿区、宁东煤化工基地、陕北能源化工基地内一些先进矿井的基本建设管理成效为参照物。神东煤炭集团公司地跨陕、蒙、晋三省区，于2005年率先建成我国第一个亿吨煤炭生产基地，多年来，不仅安全、生产、技术、经济等主要指标达到了国内第一、世界一流水平，还创建了专业化管理模式。王村煤矿以建设全国一流现代化矿井为目标，推行岗位价值精细管理，获得“全国文明煤矿”“全煤工业企业文化示范矿”“国家级安全质量标准化煤矿”“全国煤炭工业双十佳煤矿”“全国安全高效煤矿”等称号。黄陵一号煤矿先后获得“全国五一劳动奖状”“全国安全文化建设示范企业”“国家级安全质量标准化煤矿”“全国煤炭工业五精管理样板矿”“全国煤炭工业双十佳煤矿”“全国煤炭工业科技创新示范矿”“全国煤炭工业特级安全高效矿井”“全国煤炭系统文明煤矿”“全国煤炭工业企业文化示范矿”等称号。红柳林煤矿设计能力1200万t/年，配套同等能力的洗煤厂，服务年限为87年。因此，选取神东煤炭集团公司、王村煤矿、黄陵一号煤矿、红柳林煤矿所属基本建设项目作为参照物，既能体现先进水平，又能为陕北矿业基本建设管理指明发展方向。

第二，详细剖析这些矿井在基本建设管理上取得的成效，构建起陕北矿业基本建设项目后评价指标体系。在评价指标上，主要构建起由建设工期、综合吨煤投资成本、投资回收期、质量、经济效益、环境影响和绿色发展构成的评价指标。

其中，矿井建设工期从广义上来讲，应包括从矿井建设动用投资那天起至矿井建成投产那天止所经历的全部时间。影响矿井建设工期长短的因素很多，有主观的，也有客观的，如矿井的地理环境、交通运输及其他外部协作条件、矿井井型大小、开拓方式、施工方法、设计先进及合理程度、施工队伍技术素质和技术装备情况以及施工速度等。

1.3.2 绿色发展

尽管在《中央企业固定资产投资项目后评价工作指南》（国务院国有资产

监督管理委员会国资发规划〔2005〕92 号）和《项目后评价实施指南》（GB/T 30339—2013）中规定了项目可持续性评价内容，但不够具体。目前，燃煤排放是我国大气污染物和温室气体排放的主要来源。因此，促进煤炭清洁高效利用是实现从“黑色”发展模式向“绿色”发展模式转变的关键。

第一，走循环发展之路，构建资源节约型、环境友好型的和谐矿井。韩家湾煤矿在设计过程中全面贯彻落实科学发展观，坚持“资源节约型、环境友好型”的新型煤炭企业发展方向，努力建设绿色、环保、人文、园林式企业景区。

第二，对初步设计进行严格的技术把关，对初步设计中采用的生产技术、工艺和设备要进行充分论证，确保采用低能耗、低排放的新工艺、新技术、新设备。项目设计初期就对固、液、气体废弃物、共伴生资源和余热等采用综合利用的措施，提高资源综合利用效率，减少污染物排放。

第三，全面导入“绿色发展理念”。“绿色发展”是党的十八届五中全会提出的指导我国“十三五”时期发展甚至是更为长远发展的科学发展理念和发展方式。在狭义上，绿色发展，就是要发展环境友好型产业，降低能耗和物耗，保护和修复生态环境，发展循环经济和低碳技术，使经济社会发展与自然相协调。环境是人类生产活动和生活活动的空间，是吸收生产和生活排泄物的场地。由于环境存在着生态阈值，其承载能力、涵容能力和自我净化能力是有限的。因此，一旦人类活动超过环境的生态阈值，必然导致环境污染。这样，实现煤炭清洁开发和利用就成为包括陕北矿业在内所有煤炭企业实现可持续发展的必然选择。在对标管理的基础上，全面导入绿色发展理念，陕北矿业制定了如下的基本建设项目后评价指标集（见表 1－1）。

表 1－1　陕北矿业基本建设项目后评价指标集

一级指标	二级指标
投资环境	· 宏观经济（国内生产总值、进出口总额、汇率、财政收入、物价指数、固定资产投资） · 煤炭产业政策（配额、价格补贴、转移支付） · 产业技术进步（产品质量提高速度、技术进步周期、高技术产品生命周期、新产品研发周期） · 融资环境（资金市场、利率、信贷政策） · 项目产出市场环境（市场总容量、目标市场容量、竞争对手成本、产出价格、市场周期） · 项目投入市场环境（资源量、主要投入供给量、主要投入价格、市场周期）

续表

一级指标	二级指标
工程技术	· 煤矿产出规模（设计能力、实际产出能力） · 选址及总图（地质条件、地理条件、厂区布局） · 技术或工艺路线（合理性、可靠性、先进性、适应性） · 主要设备（标准性能指标、实际达到指标） · 基础（配套）设施（水、电、气、热、路、信、网） · 施工（设计变更、进度、工程造价控制、施工记录） · 工程质量（监理报告、工程竣工验收、试运行报告） · 产品质量（产品检验报告、生产企业质量管理体系） · 节能（设计能耗指标、实际能耗指标） · 工期（开工日期、完工日期、计划工期）
采购与支付	· 采购（设计招标、咨询招标、施工招标、监理招标、采购合同） · 支付（合同执行验证、监理报告、支付记录）
财务与经济	· 投资费用（总投资、建设投资即土建与设备、预备费、财务费用、资本金比例） · 融资（资金结构、借款利率、资金成本、外资借款融资费用、债务担保） · 资金使用（长期借款总额及分年用款计划、长期借款还款计划与实际还款额、短期借款） · 市场指标（产品市场价格、目标市场销量） · 运营期财务指标（单位产出成本与价格、年均收入、年均利润、年均税金、借款偿还期、利息备付率、偿债备付率、资产负债率） · 折现财务盈利指标（财务内部收益率、净现值、财务折现率） · 非折现财务盈利指标（投资回收期、总投资报酬率、权益资金净利润率）
环境与生态	· 环境容量 · 环境控制指标及实际达标情况 · 生态指标
安全生产	· 安全生产指标 · 消防指标 · 安全生产投资
组织管理	· 前期程序与手续（相关程序） · 招投标（设计、施工、监理） · 工程合同管理 · 施工组织与管理 · 采购（招标程序、招标公开度、公平性、合同签订与履行） · 支付（支付制度、支付计划、实际执行） · 机构（组织评价、机制评价、管理制度） · 项目管理程序 · 主要领导人员素质及成就评价 · 领导集体能力评价 · 项目监督机构与机制
绿色发展	· 环境治理与保护投资 · 利益相关群体 · 煤炭清洁开发和利用 · 项目可持续发展能力

1.4 风险管控

1.4.1 风险管理

煤炭基本建设项目具有投资巨大、建设周期长、审批环节烦琐和项目组织管理复杂等特点，是不可重复工程。煤炭基本建设项目从机会研究、项目决策、设计、建设手续办理、招投标、施工、监理、造价、结算、验收、资料管理到项目试运行，面临着诸多不确定性。加强整个过程的风险管理是确保项目建设和运行成功的前提条件。

不确定性源于人们对事物的未来状态不能确切知道或掌握，也就是说人们总是对事物未来的发展与变化缺乏信息与控制力。根据能否事前估计事件的最终结果又将不确定性分为可衡量的不确定性和不可衡量的不确定性。从不确定性角度出发，事物的结果可能是坏的，也有可能是好的，即潜在损失与盈利机会并存。美国经济学家奈特在其名著《风险、不确定性和利润》一书中认为：风险是可以测定的不确定性。

风险管理是企业对其面临的风险，事前运用各种风险管理策略和技术所做的一切处理过程。风险管理是一种颇具常识性且系统化的学科或艺术，狭义的风险管理使用各种专业性或创意性的系统化措施，来达到以下目的：一是损失事故发生前，预防损失；二是损失事故发生时，减轻损失；三是损失发生后，弥补损失。

风险管理起源于 20 世纪 50 年代的美国，最初的风险管理以保险行业最具代表性。1970 年到 1990 年是风险管理发展的重要阶段。这一时期，随着经济、社会和科学技术的迅速发展，人类开始面临种类越来越多、危害越来越严重的风险。1990 年以后，风险管理进入了一个全新的阶段——整体化风险管理阶段。整体化风险管理冲破了传统风险管理对风险的狭隘理解，把风险看作一个整体进行研究。它从整体上去认识风险，研究和解决风险对企业的整体影响。

随着国际上企业风险管理理念的转变，2006 年 6 月，我国国务院国有资产监督管理委员会制定并印发了《中央企业全面风险管理指引》，从国有资产保值、增值的角度鼓励和要求我国企业实施全面风险管理，将企业风险管理由内部合规性监督和目标控制拓展到对外部战略性风险的识别和应对上，从而将企业的管理水平从内部控制阶段提升到全面风险管理阶段。

全面风险管理，指企业围绕总体经营目标，通过在企业管理的各个环节和经营过程中执行风险管理的基本流程，培育良好的风险管理文化，建立健全全面风险管理体系，包括风险管理策略、风险理财措施、风险管理的组织职能体系、风险管理信息系统和内部控制系统，从而为实现风险管理的总体目标提供合理保证的过程和方法。

陕北矿业在2013年建立了陕北矿业全面风险管理体系，其中基本建设项目投资风险管理是该体系的主要内容之一。风险管理基本流程包括以下主要工作：收集风险管理初始信息、进行风险评估、制定风险管理策略、提出和实施风险管理解决方案和风险管理的监督与改进。在具体管理实践中，陕北矿业建立起了如下的风险评价指标体系（见表1－2）。

表1－2　陕北矿业项目开发风险识别与评价指标

风险源	风险来源界定	二级指标
政策风险	政策风险是考虑国家宏观政策对项目建设的影响因素，主要包括现有政治条件变化、经济条件变化、能源政策调整及项目是否符合国家的有关政策和规定四个方面的影响因素	政治环境变化
		经济环境变化
		能源政策调整
		政策和规定的符合程度
市场风险	市场风险是竞争性项目经常遇到的主要风险。它主要表现在煤炭产品销路不畅、产品价格低迷等上，以至产量和销售收入达不到预期的目标	煤炭市场需求量
		市场竞争力
		煤炭（煤化工产品）价格
技术风险	技术风险是指煤矿建设与生产技术及装备的不确定对项目建设运营所产生的风险	先进性
		适应性
		可靠性
		可得性
地质与开采技术条件风险	地质与开采技术条件风险是指因地质构造与工程地质条件、水文地质条件、煤层赋存条件、煤炭自燃发火、瓦斯等影响因素与预测值发生偏差，对项目建设运营所产生的影响。例如，工程量增加、投资增加、工期延长、生产不正常等	地质构造与工程地质条件
		水文地质条件
		煤层赋存条件
		煤炭自燃发火程度
		瓦斯涌出量
资源风险	资源风险主要考虑的是煤炭资源和水资源等因素与预测值发生偏差产生的风险	煤炭储量
		水资源状况

续表

风险源	风险来源界定	二级指标
资金风险	煤炭基本建设项目资金需求量很大，一旦资金供应不足或者融资渠道中断，将导致项目工期拖延甚至终止	利率变化
		汇率变化
		资金来源
组织管理风险	组织管理风险主要有组织内部的计划、协调和控制的风险以及组织内部人力资源的风险	组织内部计划、协调和控制的风险
		组织内部人力资源风险
安全风险	安全风险是指煤矿建设运营中各种事故发生的可能性及所产生的后果大小	设备失效率
		重伤率
		万米进尺死亡率
		百万吨死亡率
外协条件风险	外协风险是指外部协作条件对项目所产生的影响，主要有交通、运输、供水、供电及社会公共关系等对项目的影响	交通风险
		运输风险
		供水风险
		供电风险
		社会公共关系
社会稳定风险	社会稳定风险主要指项目在实施过程中可能产生的社会风险。主要包括项目的社会影响、补偿和安置方案满意度、与当地经济社会发展水平的适应度、社会支持度、社会反应度、舆情反应度等因素	社会影响程度
		补偿和安置方案满意度
		与当地社会发展水平的适应度
		社会支持度
		社会反应度
		舆情反应度

1.4.2 风险管控链

煤炭基本建设项目风险管理主要包括四个环节，即风险因素分析（RS）、风险识别（RI）、风险评估（RV）和风险管理策略（RS）。陕北矿业在基本建设管理中，将“RS－RI－RV－RS”有机结合在一起，即任何一个风险源都要放入“RS－RI－RV－RS”闭环中进行分析，做到了闭环管理。

由于项目开发主要包括勘查煤炭资源、提出项目建议书、进行可行性研究、编制设计文件、制定基本建设计划、实施建设准备、组织施工等环节。

陕北矿业在项目开发的每一个环节都运用上述“RS－RI－RV－RS”闭环管理，实现了基本建设项目风险管理“横向到边”，见图1－12。

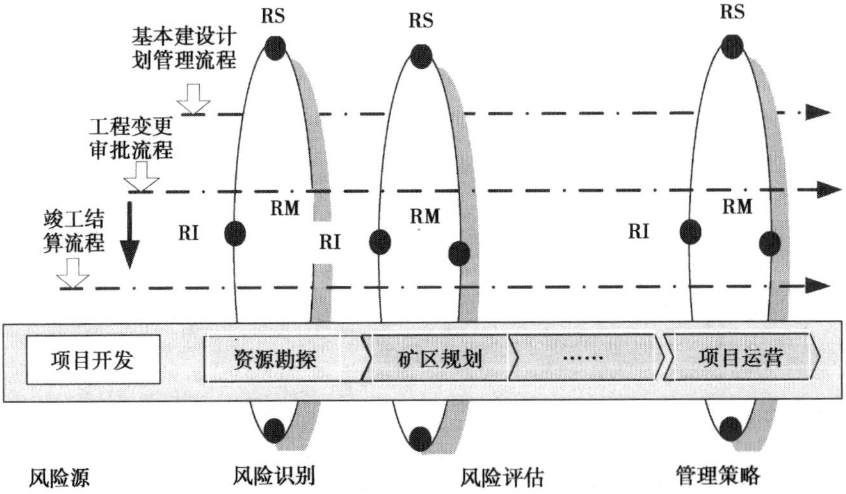
RS
RS
RS
基本建设计划管理流程
工程变更审批流程
竣工结算流程
RM
RM
RM
RI
RI
RI
RI
项目开发
资源勘探
矿区规划
……
项目运营
风险源
风险识别
风险评估
管理策略

图1－12　陕北矿业项目开发风险管控链

由于单一环节的“RS－RI－RV－RS”风险管理容易造成“条块化”，无法实现集成。陕北矿业借助流程管理和标准管理，利用流程控制标准将基本建设管理的各个阶段和风险管理的各个环节有机结合在一起，实现了“纵向到底”。在“RS－RI－RV－RS”闭环管理的基础上，陕北矿业沿基本建设项目开发环节，利用流程标准和工作标准，实现了项目开发风险管控的“无缝化”。

根据图1－12，陕北矿业编制了投资风险预案。在投资决策阶段，按照程序进行投资机会、审慎性调查和可行性研究，保证前期研究论证深入、真实和全面。在决策前全面揭示项目重大风险，量化风险对投资收益的影响，为投资决策提供支持。在项目建设过程中，注重对人力资源配置、设计变更、概算控制、工程监理、工程质量、竣工结算等典型风险事件的控制。

第 2 章　基本建设“12511”管理模式

当做出项目投资决策后，煤炭企业就开始进行项目建设管理。项目建设管理工作是陕北矿业所有工作的重中之重，是事关发展大局的关键所在。如何采用科学的管理理论和方法来提升和优化传统基本建设项目建设模式，探索和构建符合陕北矿业实际情况的基本建设项目管理模式，加快项目建设速度，规避或降低项目风险，提高项目经济效益和社会效益，已成为陕北矿业乃至我国煤炭行业急需解决的重要课题。本章运用系统工程和全生命周期管理理论，剖析陕北矿业形成的基本建设管理模式。

2.1　全生命周期管理

煤炭行业属于传统采掘行业，受传统计划经济影响较深，加之煤炭企业一般处于经济社会相对闭塞和落后的地区，煤炭企业基本建设管理人员在管理理念运用和创新方面比较滞后，对于基本建设的认识多数停留在计划经济时代，常常表现为“重结果、轻过程”“重立项、轻建设”“重施工、轻设计”，等等。

事实证明，基本建设管理成效的关键在于过程控制，单位工程一旦“定型”很难更改，也直接决定着整个项目投资的收益。也有研究表明，尽管设计费在建设工程全过程费用中所占的比例不大，一般只占项目成本的1.5%～3%，但是对工程造价的影响可达75%以上。因此，如何从全生命周期角度系统思考和统筹优化项目管理是煤炭企业提升基本建设管理成效的重要举措。本节在描述矿井基本建设程序和特点的基础上，剖析了陕北矿业运用全生命周期管理理论变革其基本建设管理方式的主要做法。

2.1.1 矿井基本建设程序

（1）勘查煤炭资源

勘查煤炭资源是煤炭企业基本建设项目管理的首要工作。勘查煤炭资源是指通过各种煤炭资源勘查设备和手段，查明矿井建设项目所在井田的范围、资源赋存状况、地质水文、瓦斯等级、煤炭资源储量、煤质等，并对该井田的可开采价值进行评估。勘查煤炭资源可分为找煤、普查、详查、精查四个阶段，每个阶段都应写出相应报告，即应有普查地质报告、详查地质报告及精查地质报告，并呈报有关部门审批。经批准的煤炭资源普查地质报告可作为煤炭行业基本建设长远规划的编制依据，详查地质报告可作为矿区总体设计的依据，精查地质报告可作为矿井初步设计的依据。

（2）提出项目建议书

在勘查煤炭资源的基础上，煤炭矿井建设单位需要提出建设项目的项目建议书。矿井项目建议书是对拟投资矿井的基本建设设想，主要从项目建设的必要性、可能性角度进行分析，主要包括以下内容：建设项目提出的目的和根据，煤炭资源、水文、地质和原材料、燃料、动力、供水、运输等协作配合条件，建设规模、产品方案、生产方法或工艺原则、资金筹措和投资估算，煤炭产品的去向、市场研究及目标用户，项目建设进度安排及经济效果、社会效益和环境效益的初步估计。

（3）进行可行性研究

矿井基本建设项目可行性研究是在投资决策前，对拟建项目进行全面技术经济分析论证的科学方法和工作阶段，主要包括以下内容：调查研究与拟建项目有关的社会、经济和技术等方面情况，比较论证各种可能的技术方案和建设方案，筛选出投资少、效益好、产品销路广的最优建设和生产方案，科学预测和评估项目建成后的经济效益，等等。可行性研究的最终目的就是科学认识拟建设项目的技术先进性、适用性、合理性及可行性。

（4）编制设计文件

矿井建设项目设计文件按照功能不同分为矿区总体设计和单项工程设计两类，而单项工程设计可以依照项目的规模及复杂程序分为两段或三段设计。三段设计主要包括初步设计、技术设计和施工图设计三阶段。

矿井初步设计的主要目的是确定建设项目的设计能力、场地选择、矿井开拓布置、主要工艺流程等重要的技术经济问题。初步设计的主要内容包括：设计指导思想、设计生产能力、总平面布置、开拓布置、采煤方法、生产工艺、通风运输、提升方式、原煤加工处理等重要的技术经济问题。经批准的初步设计和总概算是确定建设项目总投资、征用建设用地、设备材料订货和编制施工图的依据。

技术设计是根据初步设计和更详细的调查研究资料编制形成的。技术设计进一步具体确定初步设计中所采用的工艺流程、开拓开采方案和相应的工程建筑，校正初步设计中的设备选择及其数量、建设规模和技术经济指标，并修正初步设计总概算。规模不太大或技术不太复杂的项目也可以不进行技术设计。

施工图设计是在初步设计和技术设计的基础上，将设计进行工程形象化。施工图设计是按单位工程编制的，是指导施工的依据。施工图设计一般包括：矿井总平面图（巷道布置、开拓系统、采区布置等，支护设计及巷道断面、房屋和构筑物的平面图、剖面图等），设备安装图及管道、道路、线路施工图，以及施工图预算，等等。

设计文件实行分级管理，批准后的设计文件若有重大修改，须征得建设单位同意，并经原审批机关同意。

（5）制订基本建设计划

建设项目必须有批准的初步设计和总概算，并经综合平衡后，方可列入基本建设计划。由于矿井建设项目建设周期长，往往要跨越几个计划年度，因此项目建设需要根据批准的总概算、施工组织设计以及长远规划，合理地安排年度投资计划。

（6）实施建设准备

项目前期工作涉及内容多，程序也复杂，其工作质量直接影响到建设目标的实现。项目前期工作也随着国家投资体制的变化而发生相应的变化。《国务院关于投资体制改革的决定》（国发〔2004〕20 号）明确规定对于企业不使用政府投资建设的项目，一律不再实行审批制，而采取区别不同情况实行核准制和备案制的办法。2016 年 7 月 18 日，中共中央和国务院印发了《关于深化投融资体制改革的意见》，规定精简投资项目准入阶段的相关手续，只保留选址意见、用地（用林及用海）预审以及重特大项目的环评审批作为前置条件。

目前，矿井基本建设项目准备工作主要内容有征地拆迁，材料设备订货，“四通一平”，水文地质勘探，组织施工招标，等等，具体见表 2－1。

表 2-1　矿井基本建设项目施工准备

项　　目	详细内容
组织准备	成立建设项目管理机构，根据实际情况成立项目经理部或筹建处；明确其工作内容和责任；明确相关人员职责与分工
技术准备	技术准备工作主要有勘察工作、设计准备工作和招标工作等
物资准备	物资准备的基本原则是既要保证正常施工的需要，又要避免积压浪费。需要准备的物资主要包括工程开工需要的钢材、木材、水泥等，以及进行井筒开工需要的设备
工程准备工作	包括测量工作、工业场地平整及障碍物拆除、四通工作、生活服务设施、生产服务设施、生产辅助设施、井筒特殊施工条件、井口生产设施工程、非标准件加工、材料及设备，以及其他准备，等等
特殊凿井的施工准备	根据地质条件以及投资概算确定选用哪种特殊凿井方法，常用的特殊凿井方法有淹水沉井法、冻结法、帷幕施工法、地面预注浆，以及钻井法，等等
施工劳动力的准备	矿井建设施工所需人员的招聘和培训

（7）组织施工

当施工准备工作基本就绪后，建设单位向有关部门递交申请开工报告，经严格审核批准后，方可正式开工。组织施工是基本建设程序中的重要环节，它是落实计划和设计的实践过程。施工前，施工承包商要认真做好施工图纸的会审和交底工作，明确质量要求，如有修改原设计的建议，要经设计单位、监理单位和建设单位的同意。施工承包商要严格按照设计及施工验收规范施工，确保工程质量；对隐蔽工程要做好原始记录，要进行隐蔽前的质量检查；对不符合质量要求的工程，不得交工，要及时采取措施补救。工程施工还要遵循合理的施工顺序，并处理好矿建、土建、机电设备安装三类工程的衔接，狠抓关键工程的施工，确保工程按期和高质量地完成。

在施工过程中，项目协调管理的关键就是处理好安全与质量、工期、投资的关系。安全是质量的前提条件，要把施工安全与工程质量结合起来，以质量保安全，以安全促建设。安全生产是保证施工工期的基本条件，也就是说，施工过程中必须保证安全生产，以安全生产保证施工工期。工程投资成本中，必须保证安全生产所必需的费用，否则一旦发生安全事故，甚至造成人员伤亡，势必会给施工企业、建设单位造成很大的经济损失。因此，科学合理地进行安全投资同样有利于节约资金，所需费用必须得到优先保证。

（8）生产准备

生产准备工作是在工程项目即将建成前的一段时间内，为确保项目建成后尽快投入生产而进行的一系列准备工作，包括建立生产组织机构、人员配备、生产原材料及工器具等的供应、对外协调等内容。

（9）竣工验收和交付使用

竣工验收是全面考核基本建设成果的重要环节，也是检验设计与施工质量的重要步骤。做好竣工验收工作，对促进建设工程的及时投产、保证工程质量，发挥投资效果和总结建设经验与汲取教训都有重要作用。建设项目在环保、消防、安全、工业卫生等方面达到设计标准，经验收合格，试运转正常，且全矿井生产系统形成，方可试生产。

（10）项目建设后评估

在建设项目竣工投产后，为全面总结该项目从决策、实施到生产运营各时期的成功或失败的经验教训，建设单位要进行项目后评估。内容包括前期决策阶段评价、项目准备阶段评价、项目实施阶段评价和项目运营阶段评价。

矿井建设项目程序和具体内容见图2－1。

2.1.2　煤炭基本建设特点

煤炭基本建设是以矿井建设（矿建）为主，主要包括矿建、土建及机电安装等工程。矿建工程包括井工矿山或露天矿山的建设工作。土建工程指矿井地面的工业广场与生活区的房屋建筑以及工业厂房建筑工程及其配套工程。安装工程包括采矿及采矿生产过程中的通风、排水、压风、提升运输、供电等各种机电设备的安装以及针对不同选矿方法所用选矿设备的安装。

煤炭基本建设从空间形式上划分，可分为地面工程、井巷工程。地面工程可分为土建工程、安装工程、设备采购等标段；井巷工程可分为井筒工程、车场工程、采区工程、安装工程、设备采购等标段。

总体上，煤炭基本建设具有以下特点：

第一，项目投资大、周期长、专业性强、资产专用性高，管理相对复杂。煤炭基本建设项目，特别是矿井建设项目，投资一般都在亿元以上，建设周期至少两年以上。投资一旦启动，往往具有不可逆性。这些都让投资者面临着巨大的投资风险和项目运营风险。

第二，不确定因素多、风险大。煤炭基本建设多以地下工程为主（露天矿除外），地下岩层和煤层赋存条件复杂，受勘探手段的限制，地质勘探往往不能十分准确地提供地质情况。随着建设项目的推进，岩层、煤层、顶底

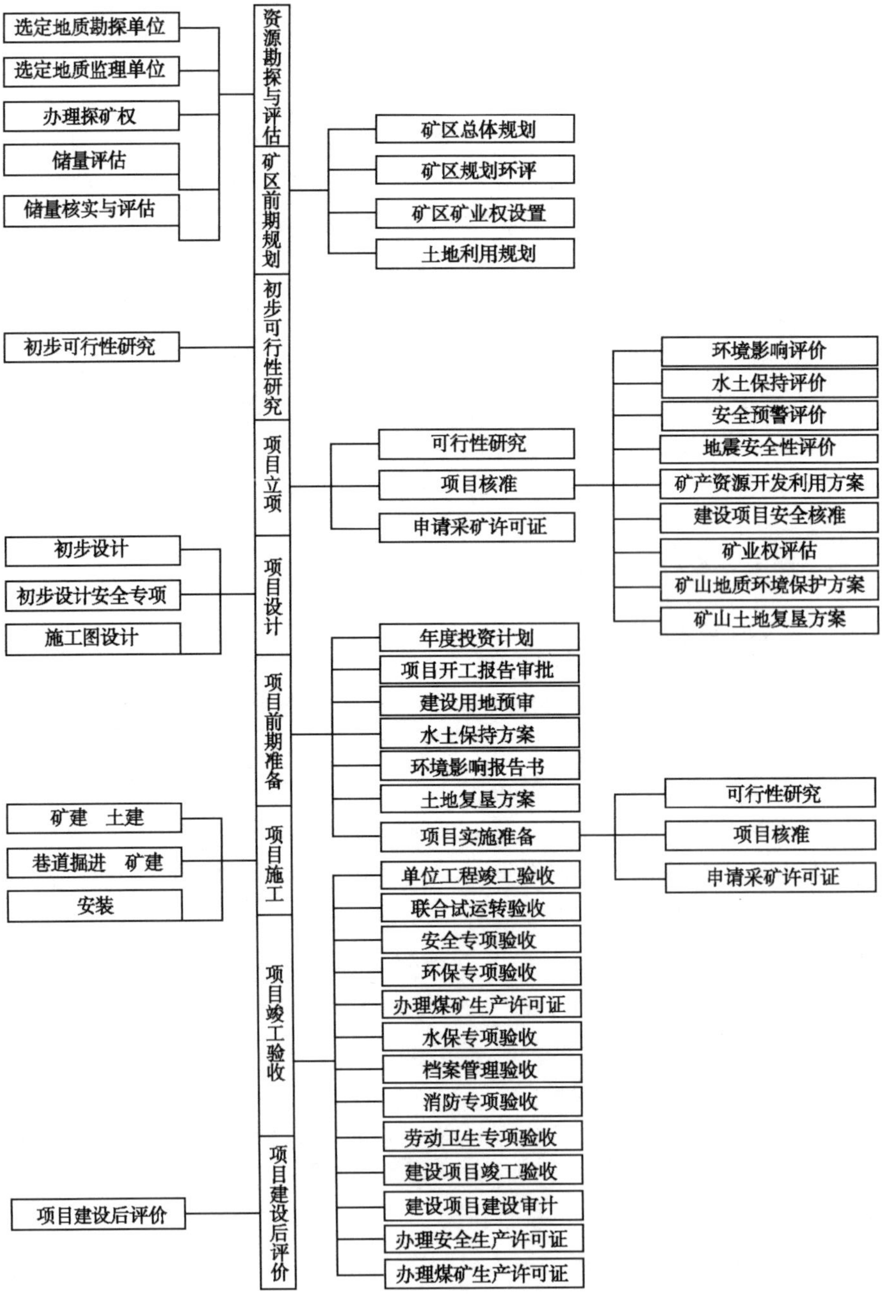
资源勘探与评估
选定地质勘探单位
选定地质监理单位
办理探矿权
储量评估
储量核实与评估
矿区前期规划
矿区总体规划
矿区规划环评
矿区矿业权设置
土地利用规划
初步可行性研究
初步可行性研究
项目立项
可行性研究
项目核准
申请采矿许可证
环境影响评价
水土保持评价
安全预警评价
地震安全性评价
矿产资源开发利用方案
建设项目安全核准
矿业权评估
矿山地质环境保护方案
矿山土地复垦方案
项目设计
初步设计
初步设计安全专项
施工图设计
项目前期准备
年度投资计划
项目开工报告审批
建设用地预审
水土保持方案
环境影响报告书
土地复垦方案
项目实施准备
可行性研究
项目核准
申请采矿许可证
项目施工
矿建　土建
巷道掘进　矿建
安装
项目竣工验收
单位工程竣工验收
联合试运转验收
安全专项验收
环保专项验收
办理煤矿生产许可证
水保专项验收
档案管理验收
消防专项验收
劳动卫生专项验收
建设项目竣工验收
建设项目建设审计
办理安全生产许可证
办理煤矿生产许可证
项目建设后评价
项目建设后评价

图 2－1　矿井基本建设项目程序和具体内容

板、水、火、有害气体、煤尘、地压和地温变化日趋复杂，对生产建设影响较大；并且地下作业工作地点狭窄，施工条件复杂，较其他专业工程具有更大的风险性。

第三，协调工作量较大。煤炭基本建设项目需要协调各种内外关系，内部关系包括各承包商之间的关系、各单位工程之间的关系、各系统之间的关系、地面建设与地下的关系、矿井建设与安装的关系、安装与设备采购的关系；外部关系包括建设单位与政府部门、行业主管部门、上级主管部门、项目所在地村民、金融机构之间的关系。任何一方关系出现问题，都可能严重影响煤炭基本建设的速度、工期、质量和成本。

第四，决策难度大。一是项目面临的许多问题难以被量化，从而增加了决策的难度；二是受外部环境影响较大，不确定因素较多，同样增加了决策难度；三是容易受地质条件变化的影响，地质条件变化往往导致工程关键线路发生转移，进而对整个矿井建设工期造成影响。

这些特点，决定了煤炭基本建设项目管理，尤其是现代化矿井建设项目管理是一项复杂的系统工程。建设单位一方面要针对煤炭基本建设的共性问题采取恰当的管理方式，另一方面更要针对企业的具体项目和具体建设单位的实际情况，运用科学的管理理论创新出高效的管理方式，而不能简单套用其他企业的成功经验。实践证明，全生命周期管理就是一种能提高建设项目效益的有效方法。

2.1.3　基本建设全生命周期管理

随着工程项目管理理论的发展，越来越多的管理者认识到对工程项目进行全过程管理的重要性，逐渐提出了工程项目全生命周期管理（Life Cycle Management，LCM）理论。建设项目全生命周期是指从建设项目构思开始到建设工程报废（或建设项目结束）的全过程。在全生命周期中，建设项目经历前期策划（设计准备阶段）、设计和计划（设计阶段）、施工（施工阶段）、运行（动用前准备阶段及保修期）、项目拆除五个阶段，见图 2-2。

全生命周期管理内容包括对资产、时间、费用、质量、人力资源、沟通、风险、采购的集成管理。通过组织集成将知识和信息进行集成，将未来运营期的信息向前集成，管理的周期由原来以项目期为主，转变为现在以运营期为主的全寿命模式。全生命周期管理能更全面地考虑项目所面临的机遇和挑战，有利于提高项目价值。全生命周期管理具有宏观预测与全面控制的

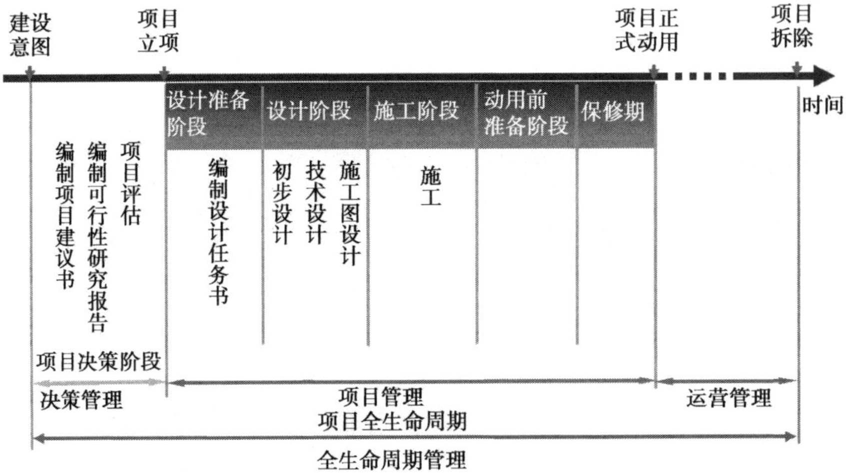
建设意图
项目立项
项目正式动用
项目拆除
时间
设计准备阶段
设计阶段
施工阶段
动用前准备阶段
保修期
编制项目建议书
编制可行性研究报告
项目评估
编制设计任务书
初步设计
技术设计
施工图设计
施工
项目决策阶段
决策管理
项目管理
项目全生命周期
运营管理
全生命周期管理

图 2－2　工程项目全生命周期管理

两大特征，它考虑了从规划设计到报废的整个生命周期，能避免短期成本行为，并从制度上保证 LCC 方法的应用；打破了部门界限，将规划、基建、运行等不同阶段的成本统筹考虑，以企业总体效益为出发点寻求最佳方案；考虑所有会发生的费用，在合适的可用率和全部费用之间寻求平衡，找出 LCC 最小的方案。

生命周期理论（Product Life-cycle Theory）最早是由美国哈佛大学教授雷蒙德·费农（Raymond Vernon）于 1966 年提出，他认为产品和人的生命一样，会经历形成、成长、成熟、衰退四个阶段。全生命周期管理最早被运用到美国军界，主要用于军队航母、激光制导导弹、先进战斗机等高科技武器的管理上。从 20 世纪 70 年代开始，全生命周期管理理念被各国广泛应用于交通运输系统、航天科技、国防建设、能源工程等各领域。所谓全生命周期管理，就是从长期效益出发，应用一系列先进的技术手段和管理方法，统筹规划、建设、生产、运行和退役等各环节，在确保规划合理、工程优质、生产安全、运行可靠的前提下，以项目全生命周期的整体最优作为管理目标。

陕北矿业在基本建设过程中全面导入全生命周期管理理论，从建设项目构思开始到建设工程报废（或建设项目结束）的全过程运用全生命周期管理理论构建起了“成本—造价—质量—环境”四位一体的基本建设管理体系（见图 2－3）。

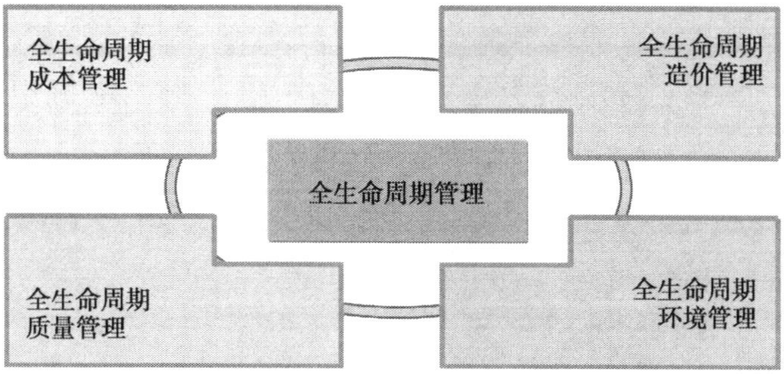
全生命周期
成本管理
全生命周期
造价管理
全生命周期管理
全生命周期
质量管理
全生命周期
环境管理

图 2－3　陕北矿业基本建设全生命周期管理体系

(1) 煤炭建设项目全生命周期成本管理

全生命周期成本（Life Cycle Cost，LCC）是指项目在有效使用期间所发生的与该项目有关的所有成本，包括设计成本、制造成本、采购成本、使用成本、维修保养成本、废弃处置成本等。项目全生命周期成本是大型项目在预定有效期内发生的直接的、间接的、重复性的、一次性的及其他有关的费用，它是设计、开发、制造、使用、维修、保障等过程中发生的费用和预算中所列入的必然发生费用的总和。

一般来说，煤炭基本建设项目 LCC 包括了设计成本、制造成本、销售成本、使用成本、维修成本和回收报废成本。全生命周期成本管理是现代管理论、系统论、控制论和信息论与工程项目交叉融合产生的一种全新管理理念和方法，具有鲜明的全系统、全费用、全过程等特征。

全生命周期成本管理是在可靠性基础上使建设项目的全生命成本最低的管理，主要涉及两大范畴：工程范畴和财务范畴。工程范畴包括项目可靠性、寿命分析、设备失效统计、更新部件和维护对项目寿命的影响等；财务范畴包括项目的最初投资成本及其在不同方案中的比较、投资成本和运行成本的比较、设备故障对系统的影响及可能导致的损失比较、设备的维护或更新成本及退役成本等。

如第 1 章图 1－9 所述，陕北矿业从工程项目全生命周期出发，不仅考虑了项目的初始投资，更考虑了项目在整个全生命周期内的支持成本，包含运行、维修、更新直至报废的全过程，建立起了煤炭建设项目全生命周期管理成本模型，见表 2－2。

表 2-2 陕北矿业煤炭建设项目 LCC

项目	详细内容
项目可研成本	建设单位在项目建设构思、初步可行性研究、可行性研究方面发生的费用
项目设计成本	与初步设计、技术设计和施工图设计等有关的成本
项目建设成本	矿建、土建、机电设备安装三类工程建造成本以及相关的建设准备过程中发生的费用
项目试运营成本	项目试运营过程中发生的费用
项目运行成本	项目建成后发生的正常费用，其中主要包括固定资产折旧费用、管理人员工资以及运行维护费
项目报废费用	为处置项目发生的相关费用
项目环境成本	在项目建成以前，主要表现为取得相关环境许可发生的费用；在项目运行期间，主要表现为治理煤矸石堆放及其污染、处理其他副产品、治理粉尘污染及水污染而发生的费用；在项目报废阶段，主要表现为因矿井弃置、塌陷区土地资源损失而发生的费用

（2）煤炭建设项目全生命周期造价管理

由于煤炭基本建设项目的生命周期都比较长，一般都在20年以上。20世纪70年代末和80年代初，英美造价工程界的一些学者和实际工作者提出了以实现整个生命周期总造价最小化为目标的全生命周期造价管理理论。全生命周期工程造价管理是指一种可审计跟踪的工程成本管理系统。首先，全生命周期工程造价管理囊括了决策阶段、设计阶段、实施阶段、竣工验收阶段和运营维护阶段，以建设项目整个生命周期总造价的最小化为目标；其次，将全生命周期工程造价管理分为生命周期成本分析和管理两大核心内容，生命周期成本分析的主要作用是为管理的各个阶段提供决策依据，是方案选择的主要工具。

陕北矿业在传统全过程工程造价管理流程的基础上，将项目使用期的运行和维护成本管理也纳入到造价管理过程中，进而形成了一个闭环的控制过程。陕北矿业全生命周期造价管理分为以下五个阶段：决策阶段造价管理、设计阶段造价管理、实施阶段造价管理、竣工验收阶段造价管理和运营维护阶段造价管理。

在决策阶段造价管理方面，陕北矿业重点是做好投资估算工作。投资估算是在项目可行性研究阶段编制完成的，其可靠程度直接取决于项目可行性研究的质量。陕北矿业实现了“三方明确”，即投资方明确、主管部门明确和资金提供者明确。投资方明确是指从经济效益的角度看该项目是否值得投资建设；主管部门明确是指从国家角度看该项目是否值得支持和批准；资金提供者明确是指从贷款者角度看该项目是否能够按期或提前偿还所投资金。

在具体工作中，陕北矿业在这一阶段做到了两个“用好”，即用好概算功能和用好限额设计体系。一是用好概算功能，目前我国的概算体系仅仅是作为国家和上级主管部门控制和监督下级建设部门的一种手段，并没有将概算作为业主进行煤炭建设项目成本控制及监测的一种工具。因此，陕北矿业招投标过程充分发挥概算功能，杜绝了项目投资的随意性。二是用好限额设计体系。限额设计就是按照国家有关部门批准的可行性研究报告和投资估算，各专业在保证满足使用功能的前提下，严格控制不合理变更，确保总投资额不被突破。

限额设计是控制工程造价的重要手段。因此，陕北矿业要求设计单位在工程设计的时候，技术设计人员、技术经济人员和企业运行维护人员紧密配合，坚持“灵活、经济、实用”的原则。施工图纸的设计做到在满足运行维护的前提下，先算经济账后做图纸设计，把所有的专业设计都在保证工程质量和运行效果的前提下，限制在投资限额之内。一旦发现有超过参考设计标准和工程量的或者不符合工程运行要求的，必须进行深入分析，并报审查部门审定后方可实施。另外，设计人员必须提出多种方案供陕北矿业进行选择。设计方案选择的标准就是实现项目全生命周期成本最小化。

在实施阶段造价管理方面，陕北矿业将原来的招投标阶段和施工阶段有效融合在一起。招投标阶段的工程造价管理，是以工程设计文件为依据，结合工程施工的具体情况，参与工程招标文件的制定，编制招标工程的标底，选择合适的合同计价方式，确定工程承包合同的价格，等等。其中，编制招标文件是最为重要的环节，招标文件既是投标商编制投标文件的依据，也是中标后双方签订合同的重要内容之一。

陕北矿业全生命周期工程造价管理的招标工作做到了以下两点：一是招标过程坚持了公正、公平的原则，实现了全过程招标透明化。二是提高了对投标报价的分析精度。投标时分为技术标和商务标，在进行技术标的评价的时候不仅考虑了建设方案还要考虑未来的运营和维护方案，这两者均优的方案才被确认为最好的技术方案。在评价商务标的时候，评价的依据由原先的建设成本最低变为建设项目全生命周期成本最低。

在施工阶段造价管理方面，陕北矿业以全生命周期管理为指导，建立了有计划的动态控制体系，编制资金使用计划，合理地确定实际工程造价费用支出。在工程施工过程中定期地比较工程造价实际值与目标值，以施工图预算或工程合同价为控制目标，控制工程进度款的支付。严格控制工程变更，合理确定工程变更价款。

在竣工验收工程造价管理方面，陕北矿业的工作重点为：首先，做好对工程的审查、评价和监督工作。通过审计发现工程项目管理的缺陷和薄弱环节，核减不合法、不合规、不合理的投资支出，对不符合运行标准的及时采取措施。其次，着力做好工程造价的确定，严格按照程序认真完成工程项目的决算和结算工作。

运营维护阶段的工程造价管理是指在保证项目质量目标和安全目标的前提下，通过制定合理的运营及维护方案，在保证高可靠性的前提下降低运营和维护成本。在运营和维护阶段，陕北矿业根据设备的特性和施工质量完成情况以及本地实际情况初步制定了合理的运营和维护的长期方案和短期方案，运营和维护方案的制定以全生命周期成本最低为目标。

（3）煤炭建设项目全生命周期质量管理

工程质量是煤炭建设项目管理的重中之重。工程质量是工程项目满足需要的一组固有特性。煤炭建设项目由若干分段责任主体完成，其具体的质量特性指标也表现在不同阶段。煤炭建设项目质量与一般建设项目质量具有显著差异。一般来说，煤矿建设周期较长，势必会受到地理环境、施工设计、材料质量、施工工艺、施工人员技术水平等很多因素的影响。地质条件和施工材料等的变化导致项目质量水平波动较大。在项目竣工后，煤矿建设项目不能通过拆卸来检查其质量是否合格。因此，煤炭建设项目质量只能倚重于过程管理。

传统上，陕北矿业煤炭企业基本建设质量管理依赖横向监管和纵向监管来实现，见表2－3和图2－4。

表2－3　陕北矿业煤炭建设项目质量管理方法

监管方式	内　　容
横向监管	监理单位认真审查施工单位提交的施工方案，加强事前和事中控制，关键部位进行旁站，确保施工质量有可靠的技术保障；加强进场材料、半成品和构配件设备的质量检查，确保工程质量有可靠的物质基础；按程序提交监理规划、监理月报，及时如实向建设单位汇报工程进展情况及存在的问题。监理在履行监理职责过程中出现违法违纪问题，建设单位有权处罚监理单位并要求更换监理
纵向监管	建设单位负责监督检查监理单位和施工单位的质量控制体系，重点检查现场监理、施工单位项目负责人和安全技术负责人的从业资质，并备案。主要管理人员更换要征得建设单位同意；检查监理单位的质量控制手段、监理程序、监理资料；检查施工单位的质量保证体系、工程实体质量、原材料及半成品质量

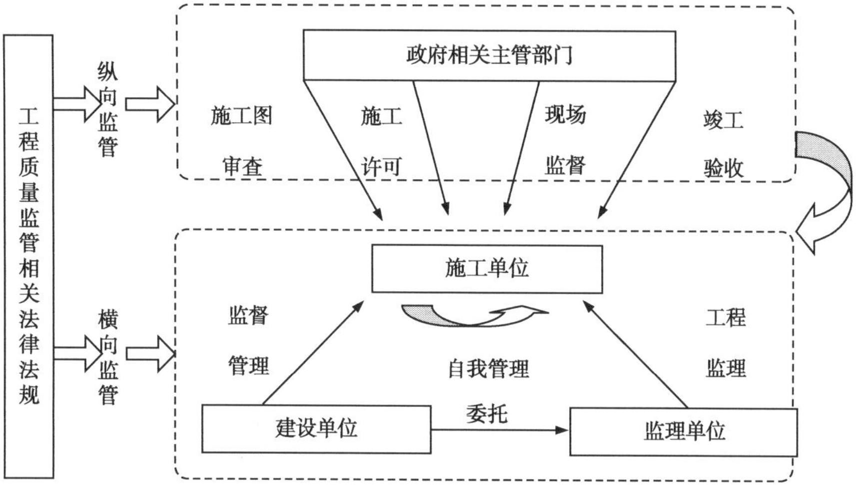
工程质量监管相关法律法规
纵向监管
横向监管
政府相关主管部门
施工图审查
施工许可
现场监督
竣工验收
施工单位
监督管理
自我管理
工程监理
委托
建设单位
监理单位

图 2－4　陕北矿业煤炭建设项目传统监管方式

在这种质量管理模式下，存在着责任不明确、监管不到位等问题。陕北矿业在传统基本建设管理模式的基础上，引入全生命周期管理理念，在决策立项阶段、前期准备阶段、实施阶段和使用维护阶段都全面贯彻了全生命周期管理理念。

（4）煤炭建设项目全生命周期环境管理

伴随着日益严重的环境恶化问题，加大环境管理已成为项目管理的必然选择。随着经济转型及循环经济理念的提出，煤炭企业为不当行为造成的环境影响“买单”的外在压力越来越大，加强环境管理逐渐成为煤炭企业不得不面对的新要求。传统的发展模式已经不能继续维持煤炭企业的发展，绿色开采、节能降耗、资源综合开发与高效利用成了煤炭产业升级的必然要求。

矿井作为煤炭企业的重要子单元，从规划建设到废弃的整个过程与企业的运营活动紧密相关。正如表 2－2 描述的那样，在清晰完整的全生命周期中，各阶段产生的环境成本也各有侧重。因此，陕北矿业以矿井的全生命周期为线索进行环境成本构成分析，将环境成本的产生和企业生产经营活动紧密联系起来。

在建设过程中，陕北矿业在规划建设期主要考虑资源耗竭问题，力图实现可持续发展；在生产运营期，着重处理煤矸石的堆放及污染、其他副产品的处理、粉尘污染及水污染问题；在弃置处理期（主要针对庙哈孤矿区）着重处理矿井弃置、塌陷区土地资源损失等问题。

2.2 基本建设管理模式

2.2.1 项目管理模式发展

工程项目管理是指按客观经济规律对工程项目建设全过程进行有效的计划、组织、控制、协调的系统管理活动。从内容上看，它是工程项目建设全过程的管理，即从项目建议书、可行性研究报告、工程设计、工程施工到竣工投产全过程的管理。任何一个项目的建设都需要这个过程，并且是分阶段进行的。工程项目管理起源于20世纪50年代，因为各国国情不同，在各国的起步时间都略有不同。随着工程项目的国际化趋势越来越明显，工程项目管理模式也经历了一个从起步到逐渐成熟的发展过程。项目管理在国外已经形成了比较完整的理论体系，并在实践中不断得到检验和发展。

工程项目管理模式是指一个工程项目建设的基本组织模式以及在完成项目过程中各参与方所扮演的角色及其合同关系。由于项目管理模式确定了工程项目管理的总体框架、项目各参与方的职责、义务和风险分担，因而在很大程度上决定了项目的合同管理方式及建设速度、工程质量和造价，所以它对项目的成功非常重要。

尽管在不同的国家，工程项目管理的起步时间不同，但就其发展阶段和项目管理特点而言，都可以分解为大致相同的三个阶段，即自行组织建设阶段、传统模式阶段、多种模式并存阶段。

自行组织建设阶段（20世纪50～80年代）。自20世纪50年代起，这种建设模式就已经出现，并在很长一段时间里，被称为工程项目管理模式的基本方式。该方式就是建设单位自己筹集资金、选择建设地点、编制工程项目建议书、直接组织设计、采购施工和材料设备，自己监督和管理工程项目等。在这种模式下，建设单位就是项目业主，同时也是融资主体和项目建设主体。随着国际工程项目越来越复杂，这种完全依靠自身的管理模式受到了越来越大的冲击，无论是在融资力度上，还是在项目的建设和管理上，该模式都不能很好地满足工程项目建设管理的要求。

传统模式阶段（20世纪80年代以后）。传统模式也称设计—招标—建设模式，简称 DBB 模式。自 20 世纪 80 年代起，这种模式就成为国际上最为通用、应用最广泛的工程项目管理模式。直到今天，DBB 模式仍在国际工程管理中占有一席之地。我国目前采用的“工程项目法人责任制”“招投标制”“建设监理制”“合同管理制”基本上都是参照这种模式进行的。

多种模式并存阶段（21 世纪以后）。随着经济的持续快速发展，进入 21 世纪后，工程项目规模越来越大，复杂程度越来越高，参与者越来越国际化，采用什么样的管理模式才能更好地实现工程项目的预期目标，已经成为摆在世界各国项目管理专家面前的重要问题。在这个阶段，各种各样的管理模式层出不穷，例如，从项目发包方式上看，有专业化公司工程管理模式（Construction Management，即 CM 模式，分为代理型 CM 模式和风险型 CM 模式）、设计—建造模式（DB 模式）、设计—管理模式（DM 模式）、工程总承包模式（EPC 模式）、项目管理承包模式（PMC 模式）、项目总控模式（PC 模式）、伙伴管理模式（Partnering 模式）等；从项目融资上看，也出现了建造—运营—移交模式（BOT 模式），资产证券化融资模式（ABS 模式）等，每种模式都有自己的优点，也有不足之处，而每一个项目也因其自身的特点，所选用的管理模式都会有所不同。

（1）DBB 模式

DBB 模式，即设计—招标—建造（Design-Bid-Build）模式，在国际上最为常用。FIDIC 项目管理就采用这种模式，见图 2－5。DBB 模式的优点是：由于在世界各地被广泛采用，因而管理方法较成熟，各方都对有关程序熟悉；可自由选择咨询设计人员，对设计要求可以进行控制；可自由选择监理

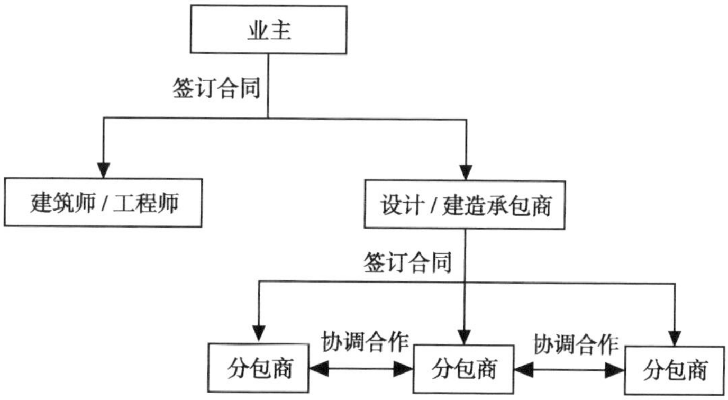

业主
签订合同
建筑师 / 工程师
设计 / 建造承包商
签订合同
分包商
协调合作
分包商
协调合作
分包商

图 2－5　DBB 模式

人员监理工程。其缺点是：项目周期长，业主管理费较高，前期投入较高；变更时容易引起较多的索赔。DBB 模式必须满足以下适用条件：一是设计工作在招投标之前已经完成；二是设计单位对该项目的施工工艺了如指掌；三是施工阶段不发生重大的设计变更。

（2）DB 模式

DB 模式，即设计—建造（Design-Build）模式，是一种简练的项目管理模式，在各国都有不同程度的应用，见图 2－6。DB 模式的特点如下：一是总承包商对业主担负“单点责任”，当建筑出现缺陷时，无法在业主面前推卸责任，因此业主的利益得到保障；二是只要在施工过程中业主不对项目设计做实质性的修改，项目之初可以估算出项目的总成本；三是业主与总承包商直接联系，交流效率较高，总承包商可以对业主的指令做出更快的反应；四是总承包商负责设计、施工计划、组织和控制，更有可能开展平行作业，并扩大平行作业的范围；五是分包商划分较细，因此更熟悉各自所从事的施工工艺，施工效率也会提高。值得注意的是，总承包商因水平原因会导致设计质量可能不高，是 DB 模式的缺点。

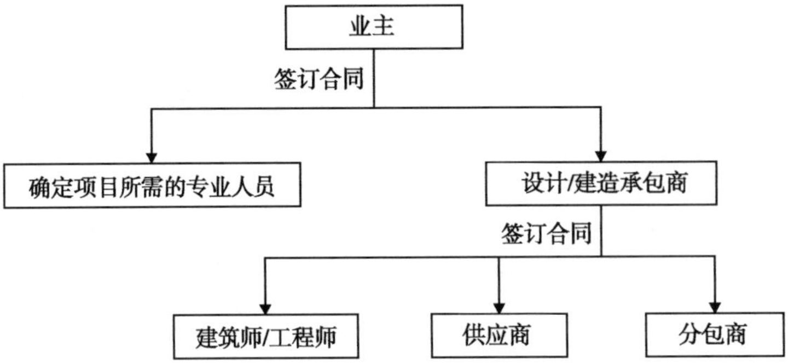
业主
签订合同
确定项目所需的专业人员
设计/建造承包商
签订合同
建筑师/工程师
供应商
分包商

图 2－6　DB 模式

（3）CM 模式

CM 模式是近年来在国外广泛流行的一种合同管理模式。一般由业主和业主委托的工程经理（CM 经理）与建筑师共同组成联合工作小组对工程进行规划、设计及施工。

CM 模式可以有多种形式，常用的有两种：一是代理型 CM 模式即 Agency CM，见图 2－7；二是风险型 CM 模式即 At-Risk CM，见图 2－8。在代理型 CM 模式中，承包商对于项目的进度、成本和质量直接向业主负责；CM 经理在这方面不承担责任；在风险型 CM 模式中，CM 公司充当总承包商的角色，他们对项目的进度、成本和质量均承担较大的风险。

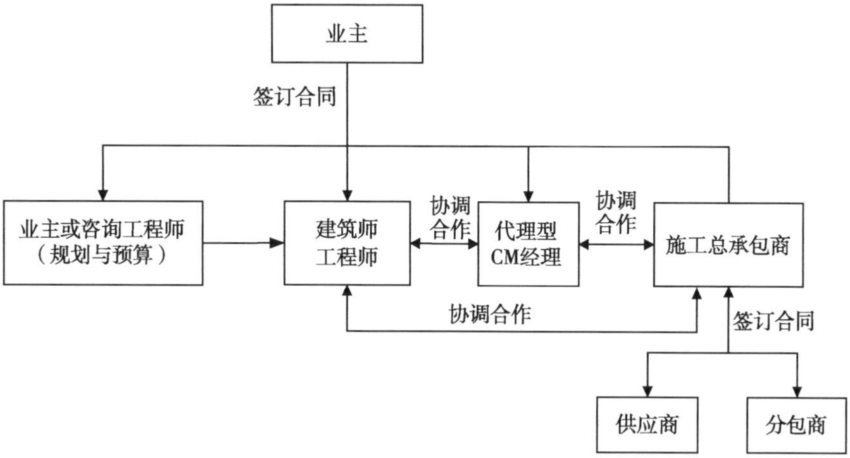
业主
签订合同
业主或咨询工程师
（规划与预算）
建筑师
工程师
协调
合作
代理型
CM经理
协调
合作
施工总承包商
协调合作
签订合同
供应商
分包商

图 2－7　代理型 CM 模式

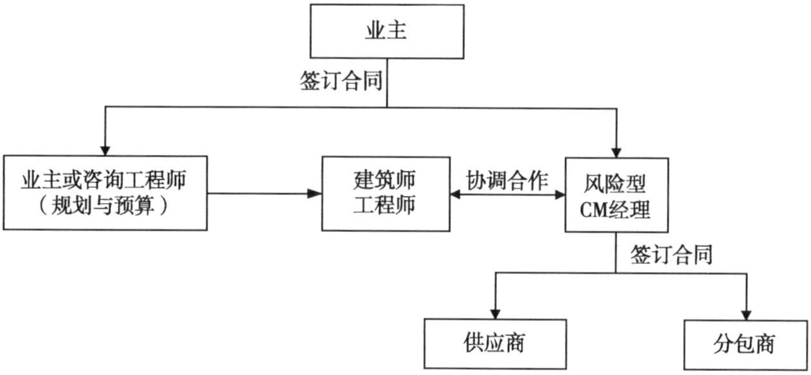
业主
签订合同
业主或咨询工程师
（规划与预算）
建筑师
工程师
协调合作
风险型
CM经理
签订合同
供应商
分包商

图 2－8　风险型 CM 模式

与 DBB 模式相比较，CM 模式的主要优点是：一是设计的“可施工性”好，施工效率高；二是由于设计施工等环节的合理搭接，节省了时间，缩短了工期；三是一旦设计得到业主的同意和地方政府的审批，就可以开工；四是减少了设计方和施工方的对立，改善了交流渠道和提高了效率；五是分包人的选择由业主和承包人共同决定，项目可以提前完工，业主可以提前运营并收回投资。在 CM 模式中，实现了业主对项目的直接控制。

CM 模式的缺点在于：一是风险较大，因为在招投标阶段选择承包人时，项目费用的估计并不完全准确；二是设计单位要承受来自业主、承包人甚至分包人的压力，如果协调不好，设计质量可能会受到影响。

（4）PM 模式

PM 模式，即项目管理（Project Management）模式，是指工程项目管理企业按照合同约定，代表业主参与全过程或部分阶段的施工组织管理。项目管理企业不直接与业主以外的其他单位形成合同关系，可以协助业主与其有关系的各方签订合同并监督合同的实施。在该模式中，项目经理的工作就是从项目前期阶段到后期一直负责协助业主选择分包商。

PM 模式的基本特征：一是业主需要委托专业化的项目管理公司提供咨询服务或代表业主对项目进行管理和控制；二是项目管理服务属于咨询服务，不属于承包，与业主签订的合约，通常是服务协议书，不是承包合同；三是项目管理服务除咨询服务型和代理服务型以外，根据业主的需要还可以有其他一些派生的形式；四是提供项目管理服务的组织，可以是合格的项目管理公司、工程公司、工程咨询公司、设计院、工程监理公司等；五是项目管理服务可以避免非专业机构管理项目造成的弊端和经济损失。

（5）EPC 模式

EPC 模式，即设计—采购—建设（Engineering-Procurement-Construction）模式，见图 2-9，是指承包商负责工程项目的设计、采购、施工安装全过程的工程总承包，并负责试运行服务，EPC 又称交钥匙工程。EPC 模式发展至今，已有近百年的历史，主要是由西方欧美等发达国家根据市场需要逐渐演变和发展起来的。近几十年来，因为得到了那些希望尽早确定投资总额和建设周

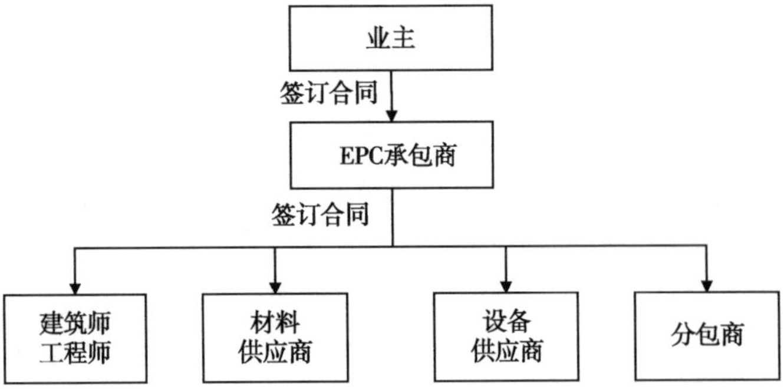
业主
签订合同
EPC承包商
签订合同
建筑师
工程师
材料
供应商
设备
供应商
分包商

图 2-9 EPC 模式

期的雇主的重视，EPC 得到了飞速发展。在 EPC 模式最近 20 多年的工程实践中，项目参与方逐渐认识到 EPC 的主要功能：承包商承担工程项目设计、采购、施工的全过程中的主要任务和风险，雇主则将风险降到了最低。

EPC 模式的特征：一是业主把工程的设计、采购、施工和试运行工作全部委托给工程总承包商负责组织实施，业主只负责整体的、原则的、目标的管理和控制；二是业主可以自行组建管理机构，也可以委托专业的项目管理公司代表业主对工程进行整体的、原则的、目标的管理和控制；三是业主把管理风险转移给总承包商，因而，工程总承包商在经济和工期方面要承担更多的责任和风险，同时工程总承包商也拥有更多获利的机会；四是业主只与工程总承包商签订工程总承包合同。

（6）Partnering 模式

Partnering 模式，即伙伴管理模式，又称合作管理模式，是业主和建设工程参与各方在相互信任、资源共享的基础上达成一种短期或长期的协议。

合作管理模式总与其他模式结合采用，一般不作为一种独立的项目建设模式出现。该模式适用于：一是业主长期有投资活动的建设工程；二是不宜采用分开招标或邀请招标的建设工程；三是复杂的不确定因素较多的建设工程；四是国际金融组织贷款的建设工程。

（7）PMC 模式

PMC 模式，即项目管理承包（Project Management Contract）模式，是目前国际上较为流行的一种项目管理模式，见图 2－10。与国内传统的项目实

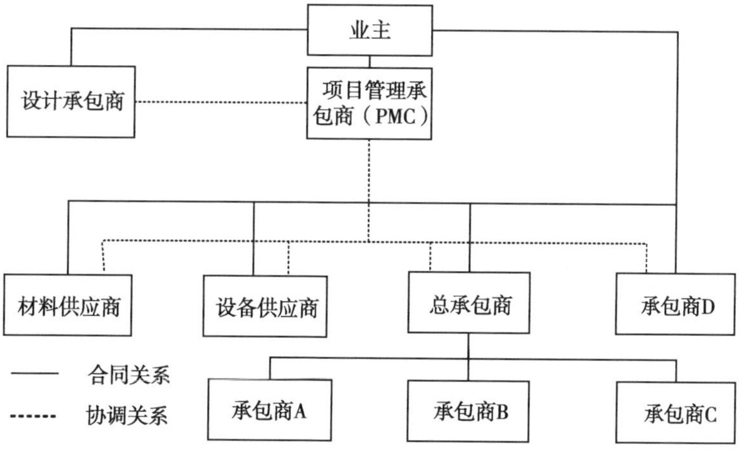
业主
设计承包商
项目管理承包商（PMC）
材料供应商
设备供应商
总承包商
承包商D
合同关系
协调关系
承包商A
承包商B
承包商C

图 2－10　PMC 模式

施模式相比，PMC具备下列优势：一是有助于提高建设期内整个项目管理的水平，确保项目成功建设；二是有利于帮助业主节约项目投资；三是有利于精简管理机构；四是有利于业主融资。

PMC模式的适用条件：一是不同国家或地区的合资、合作项目；二是业主缺乏项目管理相关人员；三是业主项目管理经验不足，以至于不能顺利完成项目；四是项目大、工艺技术复杂，业主短期内不能完全具备这方面条件；五是业主期望项目达到最佳，即项目建设工期短、工程质量高、支出成本低等；六是项目一体化，节省投资的空间大；七是业主涉及融资问题的项目。

2.2.2 煤炭基本建设管理模式发展

近年来，在市场经济体制下，煤炭企业对矿井建设项目进行了大量的探讨和实践。国家和煤炭行业在资源勘探、项目立项、可研设计、工程施工、工程监理、质量监督、竣工验收备案、决算审计等方面形成了一系列行之有效的法律法规、标准、条例和实施办法。通过大量的管理创新与实践，煤炭企业基本建设项目管理制度建设取得了较大进展，一批符合基本建设规律的管理制度逐步被引入煤矿建设领域，基本建设管理在制度层面得到了进一步完善。

①引入并完善了招标投标制度。由于煤炭基本建设的特殊性，项目的投资及运作效益受勘察设计文件优劣及承包商施工能力的影响较大。通过引入设计及施工阶段的招投标制度，使投资建设方能够在一定条件下以更合理的投资、优良的工程质量、较短的工期实现预期的目标。1997年，原煤炭工业部颁发的《关于加强煤炭建设项目招投标管理的通知》全面规范了煤炭行业建筑市场，维护了公平、公正、有序的市场竞争环境和确保了项目承发包双方的合法权益，为现代化矿井建设项目提供了有效的法律保障。

②全面实施了合同管理制度。合同管理在煤炭基本建设项目管理中处于核心地位。从20世纪80年代初颁布《经济合同法》以来，煤炭企业开始在基本建设项目中逐步引入合同管理制度，从而进一步加强了现代化矿井建设的管理工作，有效地防范合同风险，更好地维护国家和企业的合法利益。

③大力推行工程监理制度。1996年，原煤炭工业部颁发了《煤炭工程建设监理规定的通知》，工程监理制度在煤炭行业得到切实推行，成效明显，工程实体质量显著提高。

④探索新建项目法人制度。这是近年来试行的一种管理制度，在国内各大煤业集团现代化矿井建设项目中被广泛采用，它是吸收了西方基本建设管理理念的产物。新建项目法人是独立于投资单位或股东单位的法人实体，全面负责整个基建项目的实施。

经过近 70 年的发展，我国煤炭基本建设管理模式发展经历了以下五种模式：指挥部模式、新建矿区管委会模式、项目筹备处模式、工程总承包模式、矿井建设和生产总承包模式。

（1）指挥部模式

在计划经济时代，现代化矿井建设项目管理模式采用的是项目指挥部模式。建设期（投资期）与生产运营期（回收期）分别由两套机构、两套人员负责。建设期的组织管理机构即项目指挥部只负责矿井的建设，不负责矿井建成后的生产经营；生产运营期的组织管理机构则只负责矿井建成后的生产经营，而不负责矿井建设。由于责、权、利不统一，缺乏有效的约束机制，这种模式不适应市场经济发展的需要，目前很少被使用。

（2）新建矿区管委会模式

这是 20 世纪 80 年代改革开放期间试行的一种管理方式，在河南永城、甘肃华亭、河北蔚县等矿区建设中被采用，是中西方管理模式相结合的产物，即在综合具有中国特色的“指挥部”和具有西方特色的“董事会”的基础上，成立“管委会”来管理基本建设项目开发过程。

（3）项目筹建处模式

项目筹建处模式是目前我国煤矿建设中被广泛应用的管理模式。例如，某矿业集团或生产矿井要上新建项目，就抽调相关人员组成筹建机构，负责项目的前期准备工作。项目被审批立项后，该筹建机构再充实相关人员，正式被确定为筹建处。筹建处代表建设单位负责工程项目施工期间的现场管理，协调与地方、设计、建设、施工等单位关系。矿井建成后，筹建处人员就地转化为矿井生产管理者。

（4）工程总承包（EPC）模式

详见本书第 42 页及第 43 页。

（5）矿井建设和生产总承包模式

目前，我国煤炭产业正在推行矿井生产方式变革，即推行建设和生产总承包模式。该模式是指基于专业化和集约化原则，优势煤炭生产商、生产设备制造商、建设管理和生产技术咨询商、材料供应商等主体以煤炭生产基地为服务范围，向煤炭资源矿业权拥有者提供诸如矿井勘探、设计、建设、采煤、掘进、机电、运输、通风、调度、地质、测量、通信、供排水、搬家倒面、设备采购或租赁、煤炭销售等个性化服务的行为，见图 2－11。

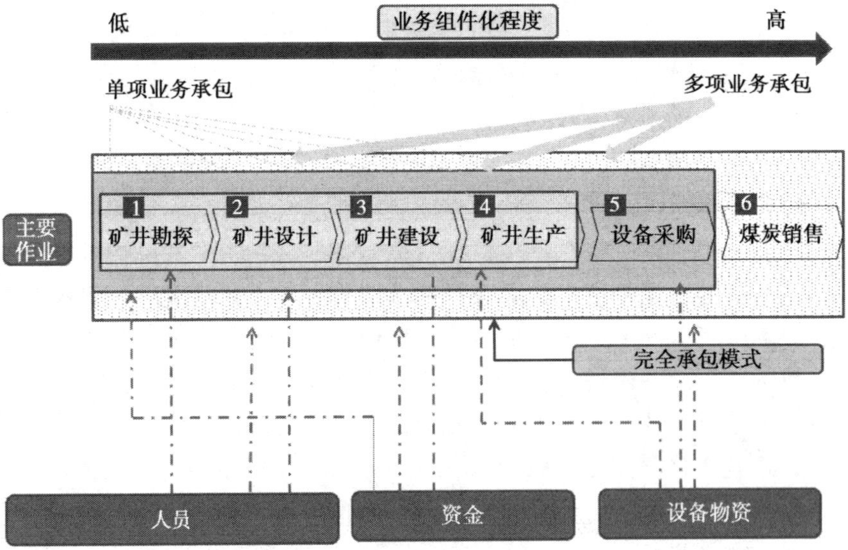
低
业务组件化程度
高
单项业务承包
多项业务承包
主要作业
1 矿井勘探
2 矿井设计
3 矿井建设
4 矿井生产
5 设备采购
6 煤炭销售
完全承包模式
人员
资金
设备物资

图 2－11　矿井建设和生产总承包模式

备注：矿井生产包括各类辅助工程和煤炭洗选。

处于大型煤炭基地内的建设与生产服务提供商，拥有成熟的产业链和专业化生产队伍，利用市场机制和信息技术平台，在确保安全、资源回收率和环境保护下，可实现生产服务费用报价小于委托方自身从事生产运营产生的费用；服务提供商通过技术研发、工艺优化和资源优化，能进一步提升抗市场风险的能力。因此，矿业组合服务具有以下作用：一是能大幅提升大型煤炭基地的资源、人才和技术的配置效率；二是充分利用闲置产能，特别是大型煤炭基地内的闲置产能；三是最大化发挥矿业服务提供商的人力资源、生产技术、安全管理和企业文化品牌等的“溢出效应”；四是可大幅降低落后煤炭企业和新进入投资者在先进生产和管理技术方面的学习成本和投资成本，提高安全生产水平和资源回收率；五是实现国家、矿权拥有者、矿业服务提供商的共赢，充分发挥矿业服务提供商的“专业化、集约化”能力，确保煤炭生产的绿色、安全和高效，最终实现煤炭行业效率提升和运营生态优化。

在我国，建设和生产总承包起步于 1998 年，最初主要形式是煤炭矿井生产外包。当时，中国煤炭进出口公司（现为中国中煤能源集团有限公司）下属中外合资子公司陕西南梁矿业有限公司，在国内率先采用了西安科技大学能源经济与管理中心提出的生产外包模式。该模式打破了国内传统煤矿生产组织管理模式，在经济和社会效益上取得了巨大的成功。随后，在该模式的引领下，榆林市杨伙盘煤矿、内蒙古纳林庙二矿、神东煤炭集团、内蒙古伊泰集团等企业相继采用了矿井生产外包模式，积累了一些有效经验。2001 年，煤炭科学研究总院北京开采所（现天地科技股份有限公司开采设计事业部）与陕西彬县煤炭有限责任公司签订《下沟煤矿综合机械化放顶煤技改项目合同书》，开创了国内最早进行技术经济合作的“彬县模式”，即煤炭科研院所用资金加先进适用技术改造传统煤炭企业矿井建设和生产运营方式。目前，天地华泰（天地科技股份有限公司开采设计事业部）已成为中国煤矿生产技术集成商和中国煤矿管理技术供应商，运营和管理的项目已覆盖内蒙古、陕西、山西、宁夏、新疆等众多优质煤炭能源基地。

2.3 “12511”管理

2.3.1 管理方式变革

随着经济体制改革的深入，煤炭基本建设项目在管理模式和制度方面取得了较大进展，但由于煤炭行业属于传统的采掘业，受传统的计划经济影响较深，加之一般处于经济相对闭塞和较落后地区，煤炭企业基本建设项目管理人员的管理创新理念滞后、管理意识不强，管理体制也不健全，还存在诸多问题，亟待加以解决。

（1）提升矿井建设管理模式

目前，矿井建设管理模式已经从项目指挥部转变为项目筹备处模式，应该说，管理模式有了很大的提升，该模式对于工期要求不高，竞争不激烈，人力资源不紧张的市场环境还算适应，但是随着建筑市场改革的不断深入，这种模式也显现出诸如标段划分数量较多、协调工作量较大等问题。所以，该模式需要进一步改进和提升。新尝试的 EPC 模式尚处在探索阶段，还有很多技术及管理上的问题需要不断地加以解决。

（2）完善矿井建设管理制度

随着市场经济体制的不断完善，尽管矿井建设项目逐步引入了招投标制度、合同管理制度、工程监理制度及项目法人责任制度等，但由于矿井建设工程规模大、技术复杂、工期长等原因，加之建设项目管理人员受管理经验的局限，在招投标、合同管理和工程监理等制度建设方面还有许多改进之处，如现代化矿井建设项目监理还停留在施工阶段，并没有对矿井建设项目实施全过程监理，不利于矿井建设项目的高效、顺利进行；在合同管理制度建设方面，合同归口管理、分级管理和授权管理机制不健全，合同管理程序不明确，或有制度不执行，该履行的手续不履行，缺少必要的审查和评估步骤，缺乏对合同管理的有效监督和控制，等等。

(3) 规范矿井建设项目业务流程

矿井建设项目管理覆盖设计、采购、施工及试运行全过程，各阶段之间、所有部门的活动之间及各项工作之间都存在不同的逻辑及组织关系，如何梳理这些错综复杂的关系，构建科学的业务流程，使公司在成本、效率、质量及内部管理等方面都有较大幅度提升是非常关键的。目前，我国煤矿企业在这方面缺乏系统的考虑和梳理，没有构建出边界清晰、顺序合理、简捷有效的业务流程模型，致使矿井建设管理流程不够顺畅。

(4) 构建矿井建设管理绩效评价体系

目前的项目管理绩效评价体系，主要应用于政府投资项目中，对于企业投资项目较为少见。从检索到的文献来看，只有少数大型房地产项目进行管理绩效评价，还有部分煤炭企业构建了矿井运营过程中的绩效评价体系，而有关矿井建设阶段管理绩效评价体系尚未见到报道。

(5) 建立和开发矿井建设管理信息化系统

由于我国矿井建设模式处在发展阶段，对应的各项管理制度也有待完善，所以目前缺乏对应的矿井建设管理信息化系统，这直接影响了矿井建设项目管理体系和制度的执行效率，在一定程度上，降低了矿井建设项目管理的质量和效率。

2.3.2 模式选择背景

从目前的实践来看，EPC 模式、矿井建设和生产总承包模式应该是比较理想的建设管理模式。但是对于陕北矿业而言，这两种模式的运用存在以下问题：

第一，合同总价固定（Lump Sum Contract）本是 EPC 的优点，利于业主控制投资成本。但在实际中，项目的发起人或委托人对项目的许多方面往往并不清楚，例如，项目要达到什么目标、需要投入多少资源、要求在什么时候完成、要求什么样的质量，一般只是一个模糊的概念，甚至会相互冲突，彼此矛盾。因此，在项目启动之前，必须弄清楚项目投资人或委托人对项目变数如范围、费用、时间、质量、风险、资源、沟通、采购等的要求，制定项目目标并加以清晰、准确、具体地描述。

第二，业主主要是通过 EPC 合同对 EPC 承包商进行监管，对工程实施过程参与程度低，控制力度也较低；业主以宏观控制为主，机构简单，减少管理人员的投入，节省部分管理费用，但其对 EPC 工厂化总承包商控制力也相对减弱，只是在施工阶段通过具有丰富施工管理经验的监理单位对 EPC 工厂化总承包商进行监督，可以有效控制施工的安全、质量和进度，而在设计和采购方面，缺少了助手，没有第三方单位替业主对 EPC 工厂化总承包进行限制，容易造成工程设计、采购管理方面的失控，对施工质量、安全、进度和费用造成影响。

第三，业主将项目建设风险转移给 EPC 承包商，因此对承包商的选择至关重要，一旦承包商的管理或财务出现重大问题，项目也将面临巨大风险。

第四，EPC 承包商责任大、风险高，因此承包商在承接总包工程时会考虑管理投入成本、利润和风险等因素，所以 EPC 总包合同的工程造价水平一般偏高。

第五，矿井建设和生产总承包模式的前提是较高的专业化程度和成熟的产业链，而目前陕北矿业还不具备这些条件。产业链成熟度是指不同业务的集群化和服务水平，大型煤炭基地业务集群化程度高，业务的服务水平也高。

因此，陕北矿业不能单纯地采用 EPC 或者矿井建设和生产运营总承包模式，只能在自身实际情况的基础上，构建起合适的基本建设管理模式。

2.3.3　陕北矿业基本建设模式

煤炭产业作为特殊行业，煤炭建设工程有其显著的特殊性，生产环境复杂，受地质条件变化约束大、设计变更多、作业环境恶劣等不利条件，要提高项目建设管理水平，节约建设成本、降低投资风险，就必须学习和引进先进的项目管理模式与煤炭企业基本建设实际相结合，探索一套适合陕北矿业实际的基本建设管理模式。

该模式必须系统解决陕北矿业基本建设管理存在的问题：

一是项目决策不严谨。“三无”工程（无计划、无资金、无合同工程）大量存在。一些专项工程和质量标准化工程从方案编制到审定，缺少公司专业人员的介入和指导，导致方案在执行过程中不能有效保护公司利益。

二是项目设计过程缺乏监管。一方面，设计责任终身制使得一些设计人员为了避免建筑产品出现重大质量问题而承担设计责任，有意加大设计的安全系数，人为地增大了工程项目的投资，使企业遭受不必要的损失；另一方面，由于设计费多数是按投资的百分比计算的，造价越高，规模越大，设计单位的收入越多，这就客观上降低了设计单位进行方案优化及评审的积极性。此外，部分设计人员往往与施工单位、材料设备供应商有利益关系，追求项目以外的利益最大化，最终导致公司利益受损。

三是缺乏投资动态控制。项目建设中，普遍存在“结算超预算、预算超概算、概算超估算”现象，工程变更和现场签证管理薄弱，投资管控理念薄弱，项目建设一味追求“高大上”，忽视项目投资成本对企业运营成本的影响。

四是过程管理存在盲区。工程技术人员不想承担责任，机械地照图施工，工程质量没有保证；施工组织设计和施工方案流于形式；施工前不能按安全技术交底，甚至对违章作业放任自流，存在极大安全隐患；事前控制不够，事中把关不严，事后补救不力，导致变更频繁，投资加大。

五是基本建设文化培育滞后。权利和职责失衡，一些岗位存在“权利过度”，而相应的职责却单一；在工作中不从企业利益出发，在程序和内容上打折扣，留“接口”和“后门”，为自己谋利益。工作中管理者还存在不敢负责、不敢处理、不敢创新等现象。

上述问题，固然与企业所处发展阶段和历史形成有关，但更重要的是由以下因素导致：一是思想僵化，特别是在煤炭行业“黄金十年”发展时期，企业与员工形成了“只要项目上马就能挣钱”的观念。二是员工专业素能低导致认识不到位，许多问题不是没有能力解决，也不是没有解决办法，关键是觉得“问题”不是“问题”。例如，设计单位提供的安全系数高的设计、项目决策的质量和重要性、过程控制的关键点，等等。三是目标单一和缺乏整体驱动力，过去把质量放在过程控制的首要位置，忽视了项目投资收益才是项目建设的出发点，如何建立确保项目收益的目标管理体系才是基本建设管理的源头。四是缺乏有效的管理水平提升手段，很多时候通过努力找到了问题，但缺乏系统性工具，不知道如何下手才能保证有效解决问题。五是工作没有重点，寄希望《陕北矿业基本建设管理办法》（2011年制定）解决所有问题。

面对问题，如何从根本上、源头上再造基本建设管理模式，一度是困扰陕北矿业的难题。是直接套用先进矿井的基本建设管理体系，还是从陕北矿业的实际情况出发探索出适合自身的基本建设管理体系，前者省事也有说服力，但难以解决基本建设管理过程中深层次问题，后者费事耗时，但能切中要害。煤炭企业基本建设可以说是企业经营管理过程涉及利益相关者最多、面对经济利益最直接的环节，要想管好就得有担当，指定的措施本身是科学合理的和符合实际情况的，执行起来一定要到位，不能打折扣和讲情面，这些是直接套用先进矿井的基本建设管理体系难以做到的。

方法必须是为问题而产生的。企业经营管理方法，有共性也有个性。共性只能是一些框架性的东西，只能是一些原则性的东西，只能是一些基本性的东西。个性才是体现事物本质特性的，才是有效解决问题的，才是塑造企业特质和核心竞争力的。个性培养源于对自身的清醒认识和对存在问题的深入了解。传统基本建设管理常常根据项目过程“四大”来构建其管理体系。陕北矿业如果沿用这种思路，固然能保证基本建设管理内容不“走样”，也能在形势和心理上得到认可，但难以保证真正地解决存在的问题。

陕北矿业作为陕西煤化集团的重要子公司，肩负的责任重大。陕北矿业不愿做一个“平庸”和“追随”的企业，在把握问题本质的基础上，重塑基本建设管理目标——降本增效，以创新和精细化为管理水平提升的驱动力，抓住“设计”，培育基本建设管理文化，从而打造出和有效实践了“12511”基本建设变革管理模式，具体过程见图 2－12。

工程项目有统一的总目标和总任务，项目的总目标和总任务是决定组织结构和组织运行的最重要因素。但是项目建设各参与方来自不同企业或部门，各自承担一定范围的项目任务，各自有独立的经济利益和权利。所以在项目中存在共同的目标与不同利益群体之间的矛盾。要取得项目的成功，就必须用一个共同的目标来协同各方群体的利益，陕北矿业在基本建设过程中确立了“降本增效”这个共同目标。

“天下熙熙皆为利来、天下攘攘皆为利往”。企业经营管理也是如此，过去陕北矿业在基本建设管理中不愿算“账”，不在意项目投资成本，甚至个别单项工程只求形象而不管效益，因此陕北矿业确立了基本建设管理目标——降本增效。并且，这个降本增效不仅仅是建设阶段的降本增效，而且是项目全生命周期的降本增效。

目标是静态的，必须具备驱动这个目标实现的推力和牵引力。首先的驱动力就是创新。陕北矿业传统的基本建设管理方式方法已经制约了企业的进

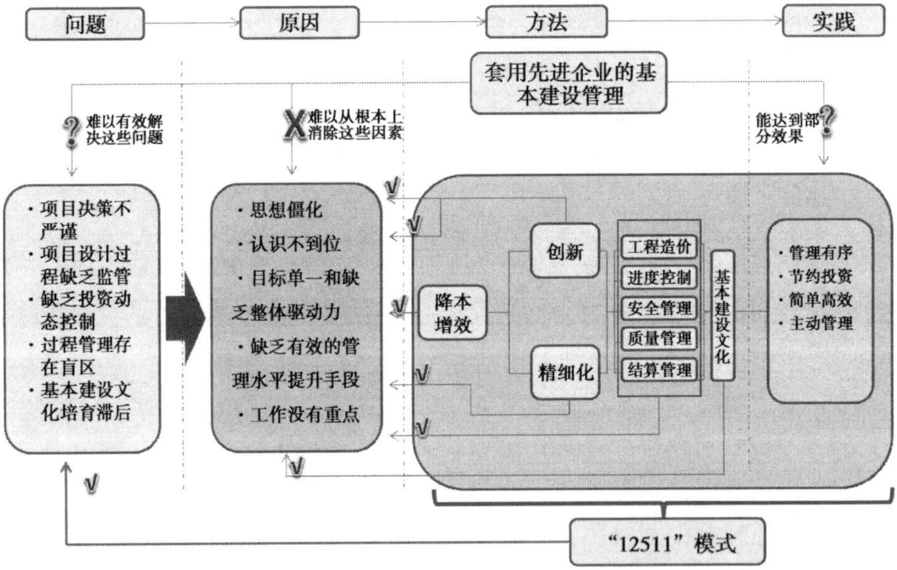
问题
原因
方法
实践
套用先进企业的基本建设管理
难以有效解决这些问题
难以从根本上消除这些因素
能达到部分效果
·项目决策不严谨
·项目设计过程缺乏监管
·缺乏投资动态控制
·过程管理存在盲区
·基本建设文化培育滞后
·思想僵化
·认识不到位
·目标单一和缺乏整体驱动力
·缺乏有效的管理水平提升手段
·工作没有重点
降本增效
创新
精细化
工程造价
进度控制
安全管理
质量管理
结算管理
基本建设文化
·管理有序
·节约投资
·简单高效
·主动管理
"12511"模式

图 2－12 陕北矿业基本建设管理方式变革"12511"模式形成过程

一步发展。自 2012 年起，陕北矿业狠抓"解放思想"，只有"心动"才能导致"行动"，思维和理念的僵化将成倍缩小新方法的作用。因此，创新具有巨大的杠杠作用。通过理念创新、机制创新和模式创新，革除传统煤炭基本建设管理模式存在的弊端。

在新形势下，煤炭市场已经演变为买方市场，煤炭企业必须彻底改变"重投资、轻效益"的煤炭基本建设粗放式管理模式。实践证明，精细化管理是有效破解上述难题的有效途径。精细化思想源于 20 世纪 50 年代初开始逐步完善形成的精益管理，其核心在于"最大限度地减少管理所占用的资源和降低管理成本"。陕北矿业在基本建设过程存在的诸如履行职责不到位、权力职责失衡、管理过程不规范、工程随意变更等问题，必须借助精细化管理来加以解决。

陕北矿业基本建设管理必须有效处理好"破"与"立"的关系。古语云：不破不立，不塞不流，不止不行。破，即突破，就是从根本上革除不利于企业发展的思想观念。陕北矿业用"创新"来突破传统的基本建设管理思想，只要思想改变，人的行为才能从根本上得以改变。立，即落地，就是立规矩、立制度、立标准。陕北矿业用"精细化"来实现思想观念到行动的转化。两者有效结合在一起，“破”中有“立”，“立”中有“破”，“破”后必有新思想、新理念和新思维，“立”下必有新举措、新制度和新规范，“破”与“立”共同推动陕北矿业基本建设管理目标的实现，见图 2－13。

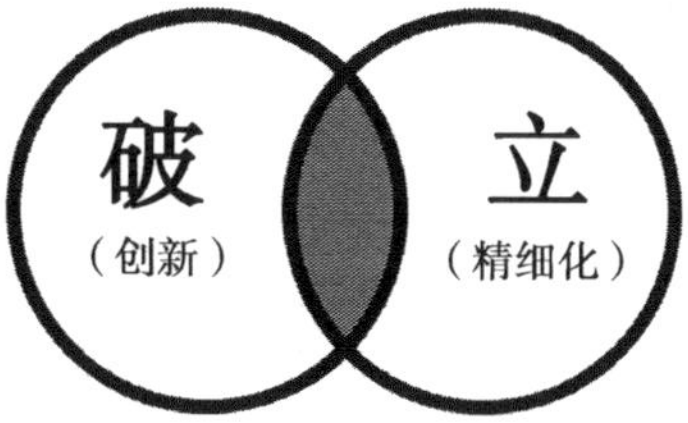
破
（创新）
立
（精细化）

图 2－13　陕北矿业基本建设管理变革创新与精细化

对于一些不适宜的制度、做法要敢于打破、敢于推翻，只有敢于“破”，才能建立新制度、新机制。“破”的过程也是比较痛苦的，过去陕北矿业有的员工前怕狼、后怕虎，不敢“破”、不敢得罪人，缺乏胆略。在“破”的问题上，还有些人认为一些事情是领导定的，把责任往领导身上推，自己应尽的责任没有尽到。干工作要敢想、敢干、切实负起职责，站在企业利益、企业发展的高度，敢于“破”与“立”，具备应有的胆略。

创新和精细化，一“破”一“立”，协同驱动着陕北矿业基本建设管理目标的实现，见图 2－14。

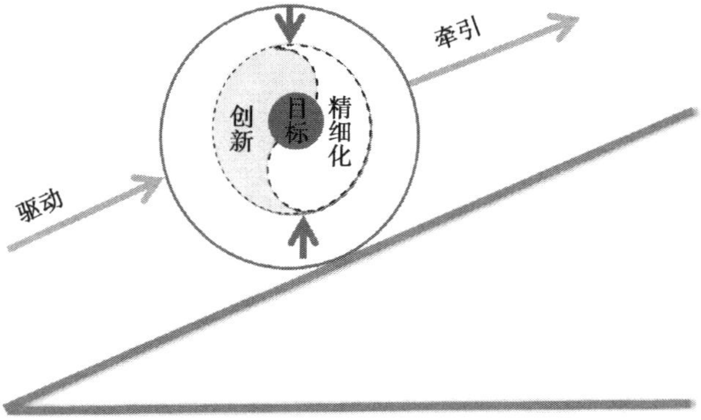
牵引
创新
目标
精细化
驱动

图 2－14　陕北矿业基本建设管理目标的驱动力

传统煤炭基本建设管理包括“四大控制、两管理、一协调”（质量控制、进度控制、投资控制、安全控制，合同管理、信息管理，关系协调），体系复杂。陕北矿业在实际工作中抓住企业长期以来存在的难题，在“造价、进度、安全、质量和结算”上，重拳出击，在这五项关键环节上紧抓不放，“使全劲、捏出汗”，以安全、高效、优质、绿色为根本导向，有效整合矿井建设组织管理、安全管理、技术管理、质量管理、成本管理、进度管理、预算管理和信息管理与决策支持等内容，构建起了陕北矿业基本建设目标实现的保障体系。

现代企业管理发展的基本方向之一就是实现扁平化，减少信息传递过程中的信息漏损。煤炭基本建设过程涉及的关系复杂、文件众多，陕北矿业在纵向沿着基本建设项目全生命周期，在横向沿着“职责—标准—流程—风险—档案”五个维度，通过可视化原理，形成“纵向到底、横向到边”集成一体化无缝管理模式。

管理的最高层次为文化管理。文化具有导向、约束、凝聚、激励的功能，企业文化也是一种磁场，具有放大和协同的功能。管理制度再完善的企业，也存在漏洞和缺陷；管理规范再严格的企业，也只能保证员工按要求把事情做好。基本建设的发展更需要员工的主动性，有了主动性才能充分发挥自己的潜能。实际上，在过去的基本建设管理中，企业员工存在明显的“不敢负责、不敢处理、不敢创新”的问题。因此，陕北矿业在基本建设管理的文化建设方面紧紧围绕一个“敢”字，本着维护企业利益和履行自身岗位职责的角度，全力打造一支战斗力强的基本建设管理队伍。

陕北矿业基本建设管理模式可以概括为“12511”管理模式，见图2－15。

一个目标：降本增效（1）；

两轮驱动：创新驱动、精细化驱动（2）；

五拳合力：造价、进度、安全、质量和结算（5）；

一种文化：“敢 · Dare”基本建设管理文化（1）；

变革之道：基本建设管理变革路径（1）。

总体上，陕北矿业基本建设“12511”管理模式具有以下特点：

第一，将解放思想放在首位。

毫不讳言，陕北矿业基本建设传统的管理方式沿袭的仍是工程承包管理模式。如果不从这种模式中走出来，只能是“画饼充饥”。因此，解放思想就成了陕北矿业基本建设管理方式变革的首要工作。解放思想，陕北矿业强调联系个人思想实际，切实把自己摆进去，认真查找自身在思想境界、工作作风、能力素质等方面存在的问题，不能像手电筒一样，只照别人、不照自

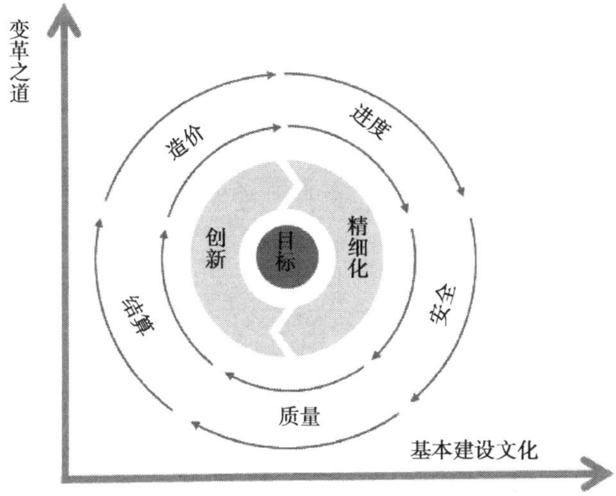
变革之道
造价
进度
创新
目标
精细化
结算
安全
质量
基本建设文化

图2－15　陕北矿业基本建设“12511”管理模式

己。切实解决谋划有余而实践不足、顾后有余而瞻前不足、满足有余而争先不足的问题，把思想认识从那些违背科学发展观要求的观念、做法和体制及机制的束缚中解放出来，使思想和行动更加符合党的思想路线，更加符合科学发展观的要求。勇于创新，首要是敢想、敢闯、敢突破。工作中的一些亮点、一些闪光点，就是靠创新得来的。凡是有利于加快发展的，就要坚定不移地去做；凡是不利于加快发展的，就要毫不犹豫地去改。真正以思想的解放带动创造力的释放，以观念的更新带动工作的创新。

第二，较好地体现了专业化和集约化导向。

专业化是指对企业某些业务所实施的专业管理活动。经济学鼻祖亚当·斯密认为：分工和专业化的发展是经济增长的源泉，分工的好处在于能够获得分工经济与专业化经济，提高生产效率。对于复杂的业务通过分工更有利于实现专业化，更容易形成核心竞争力。专业化运营是指企业将功能、性质和业务相近的资源集中起来，或者借助外部专业化组织，利用其专业化技能，为企业提供专业化服务，进而减少企业管理层次，节约管理费用和人力成本，提高企业效率的企业运营方式。

集约化是指企业所进行的集约经营活动，是指在企业同一经营范围内，通过经营要素质量的提高、要素含量的增加、要素投入的集中以及要素组合方式的调整来增进效益的经营方式。集约化是现代企业提高效率和效益的基本取向。这里的“集”，是集合人力、物力、财力、管理等生产要素并进行统一配置；这里的“约”，是在集中和统一配置生产要素的过程中，以节俭、约束、高效为价值取向，达到降低成本、高效管理的目的，促使企业集中核心力量，形成可持续发展的竞争优势。集约化的核心在于“集”，以资源优化配置为着力点，实现企业运行的“约”。

陕北矿业煤炭基本建设专业化和集约化采取了以下两种实现途径或方式：一是部门职能专业化，对部门职能所需的人才、技术和资源进行集约化，然后再提供统一的专业化服务，例如将基本建设和规划发展合并在一起，实现了项目开发与项目建设一体化；二是作业专业化，将同类作业集中起来，例如专业化监理、施工管理、物资管理等。

第三，较好地将建设单位（委托方）和施工单位（承包方）实现目标协同起来。

在传统的工程项目管理模式中，建设单位与施工单位之间往往视彼此为对手，这导致了效率的降低和成本的增加。陕北矿业“12511”基本建设管理模式，从一开始就选择了协作的工程项目管理模式，抛弃了传统的合同有关各方之间的对立关系，达到了一种多方“共赢”的局面，有效地处理好了股东利益、人际关系、权力平衡等问题。

在“12511”管理模式下，建设单位和施工单位有不同的目标追求，建设单位关注降本增效、安全、质量和资源综合利用等指标，施工单位关注利润、资源利用等指标，见图 2－16。

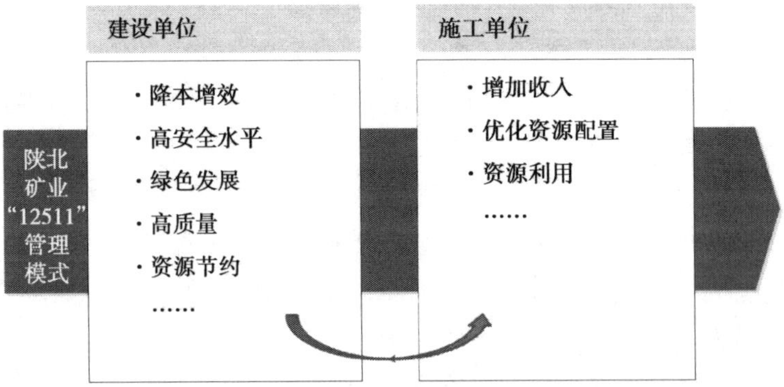
建设单位
施工单位
陕北矿业“12511”管理模式
·降本增效
·高安全水平
·绿色发展
·高质量
·资源节约
……
·增加收入
·优化资源配置
·资源利用
……

图 2－16　建设单位和施工单位的目标

在“12511”管理模式下，建设单位可利用施工单位的优势来实现减员增效，并提高企业竞争力；施工单位能利用自身的技术、管理、安全、成本优势来摊薄固定成本和解决产能闲置问题，进而实现利润增加。

在“12511”管理模式下，双方以契约的方式结合在一起，取“对方之长”来“补己之短”，形成一个有机整体，只有这个整体的目标实现了，才能“各得其利”，并建立起长期的合作关系。因此，建设单位和施工单位能实现共赢发展目标。

第3章　一个目标——降本增效

降本增效是煤炭企业变革粗放式管理方式的核心途径。陕北矿业以全生命周期管理为基础，以基本建设降本增效为抓手，全面转变企业的经营管理方式。就基本建设管理而言，降本就是做好提高决策质量、动态管控设计、降低建设成本、管好专项资金、降低运营成本方面的工作；增效就是提升项目决策效益、管理效率和协调效果。效益强调“做正确的事”，只要方向正确，任何工作才能产生“正作用”；效率是指投入与产出的比率，提升效率即少投入、高产出；协调效果强调的是能否促使各基本建设参与方协同一致。陕北矿业有效地将项目决策效益、项目管理效率和协调效果整合在一起，确保了基本建设项目的顺利完成。

3.1　降本之道

“世界船王”包玉刚说：“每节约一分钱，就会使利润增加一分，节约与利润是成正比的。”美国埃克森美孚石油公司前董事长兼CEO雷蒙德也堪称“成本节约”的典范。在他任职期间，该公司被评为世界上最赚钱的石油公司。

煤炭建设项目全生命周期基本可以归结分为四个阶段：项目决策阶段、项目设计阶段、项目施工阶段和项目使用阶段，各阶段承上启下、环环相扣。与此相对应，煤炭基本建设项目成本主要包括四大部分：决策成本、项目设计成本、项目建设成本和运营成本，见图3－1。

从图3－1可以看出，各类成本对整个项目成本的影响是不同的。例如，工程项目决策阶段所产生的结果对工程整体建造成本的影响程度就可以达到80%～90%，并直接决定项目建成后的日常运营成本。因此，陕北矿业全面导入全生命周期管理理论，系统地权衡和优化项目各个阶段所发生的费用，

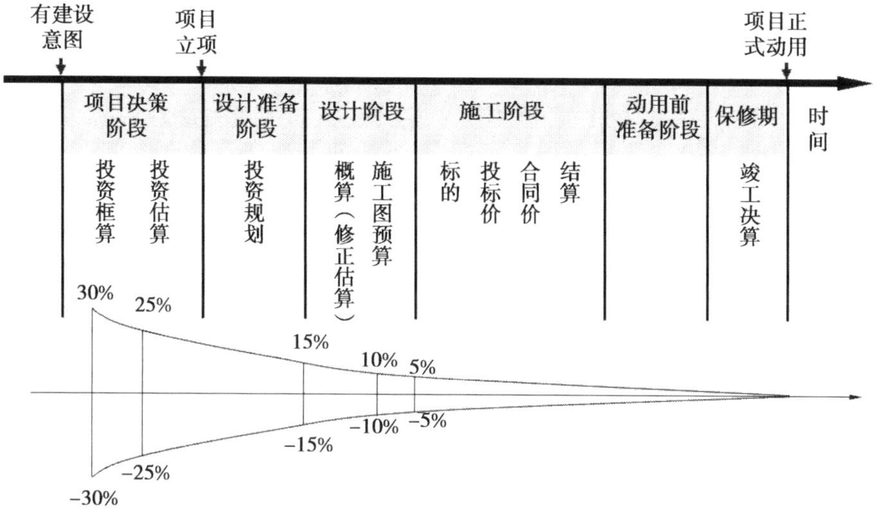
有建设意图
项目立项
项目正式动用
项目决策阶段
设计准备阶段
设计阶段
施工阶段
动用前准备阶段
保修期
时间
投资框算
投资估算
投资规划
概算（修正估算）
施工图预算
标的
投标价
合同价
结算
竣工决算
30%
25%
15%
10%
5%
-30%
-25%
-15%
-10%
-5%

图 3－1　煤炭建设项目全生命周期成本

重点抓住提高决策质量、动态管控设计、降低建设成本、管好专项资金、降低运营成本等措施协同降低项目成本。

3.1.1　提高决策质量

尽管投资效益要在项目的实施和使用过程中才能逐步表现出来，但决定投资效益的关键是在项目建设的决策阶段。在煤炭行情较好的时期，陕北矿业不太重视项目投资的过程控制，特别是决策阶段的科学管理，在个别单位工程上一味地追求“高大上”，导致项目投资越来越大，最后超出了预算，给整个项目的结算和审计都带来了严重的问题。如今，陕北矿业在提高项目决策质量上，采取了以下措施。

第一，采取“风险和利润倒逼法”，将项目经济效益压力传递给领导者和规划发展部员工（含原基本建设管理部员工）。投资的目的就是要有效益，还要尽可能地规避潜在风险。陕北矿业要求相关人员对拟建项目进行系统分析和全面论证，在做好市场需求预测、场址选择及工艺技术确定等工程技术研究的基础上，对建设方案进行反复比较，计算项目投入的费用和产出的效益，系统分析拟建项目的经济可行性和合理性。通过这些措施，力求对拟建项目做出全面的经济评价和寻求最佳的建设方案，进而为项目的科学决策提供可靠依据。

第二，合理确定投资规模。根据规模经济原理确定项目生产规模，将市场需求规模、技术上可实现的规模、企业可持续发展规模和环境可承载的生产规模有机结合起来。煤炭需求和供给与国家政策、当地经济发展、资源优化配置和社会环境等都有密切联系。受到多方面的影响和自身能力和条件的限制，特别是在项目决策阶段，煤炭企业往往难以准确预测煤炭需求和供给。陕北矿业根据需求不确定原理，充分借助专业“外脑”，反复探究不同情景下可能的期望值，尽量实现预测结果的科学合理。

例如，在安山煤矿建设过程中，陕北矿业就通过上述措施，有效地杜绝了曾经存在的“盲目求大求美”问题，科学合理地确定了生产规模，进而科学合理地确定了其项目投资成本。

3.1.2 动态管控设计

坚持从各类设计入手，严格审批程序，把住关口，杜绝不合理投入。对新开工建设项目，以批准概算为控制目标，加大对设计单位监督力度，从源头上控制投资。在做可行性研究时，找专业的机构，从项目的建设规模及主要系统的技术方案、投资估算、财务评价、风险分析等方面做全面的分析调研，并且把有实际操作经验的人员吸收进来，共同进行可行性方案设计。

例如，对设计单位提交的沙梁煤矿三条井筒工程黄土段及基岩风化段原设计进行优化：一是取消原钢筋砼砌碹，对原架棚支护进行补喷砼，减少砼砌碹440m；二是把一水平车场工程喷射砼厚度由150mm改为100mm，针对2^{-2}煤大巷工程，将原设计巷道布置全部改为沿煤巷布置，喷射砼厚度由150mm改为70mm；三是针对工业场地场平工程，根据现场实际情况取消煤运出入口处至生活区的全部道路设计，利用场区南侧器材库至生活区的原道路，减少骨架护坡工程量约15000m^3，减少浆砌片石挡土墙工程量约5000m^3，减少土石方开挖工程量约30000m^3，减少土方回填工程量约65000m^3，减少道路施工工程量2406m^3。通过以上措施，总共降低投资约1000万元，较好地进行了投资控制。

树立事前控制理念，严格控制因设计变更、现场签证等发生的费用。长期以来，陕北矿业都非常重视控制目标值与实际值的比较，不是当其发生不一致时才会去分析问题解决问题。陕北矿业预先分析煤炭基本建设工程施工中的各种风险因素，以及可能导致的后果，从而进行主动控制。在施工阶段，通过加强现场签证管理，控制设计变更对造价的影响，动态反映投资变化程度。

3.1.3　降低建设成本

煤炭基本建设项目建设成本主要包括三大部分：项目前期费、建筑安装工程费及设备购置费。项目前期费主要包括项目土地征用费、管理费、矿井勘察设计费、水保环保报告编制及审查费、研究试验费、临时设施费、项目立项审批等相关费用。建筑安装工程费分为井巷工程、地面建筑工程和设备安装工程三类工程费用，其中井巷工程是矿井建设的主要环节。设备购置费指煤炭基本建设项目购置的设备、工具、器具的费用。

随着信息技术和自动化技术的发展，煤矿生产机械化程度的提高，设备购置费在基础建设工程中所占的比重越来越大。设备投资是煤炭基本建设项目投资组成的主要费用，直接影响项目的效益。在项目决策阶段，设备投资决策至关重要。设备选择不但涉及工程建设成本和投产后运行维护成本的高低，而且还影响设备的有效功率和生产的安全运行。采用好的设备有可能会增加项目建设初期成本，但也可能节省设备维修费用和提高设备效率，从项目全生命周期角度看则是节约了成本，因此可以提高企业综合效益。

经过充分论证的设备选用方案，可保证设备决策的正确，使企业获取最大的经济效益。在设备投资决策时，陕北矿业高度重视设备的性价比和投入产出比，根据经济效益评价原理估算设备全生命周期费用（设备投资和运行维护费用之和），把设备购买成本和投产后的年运行费用进行综合分析计算，最后在确保性能前提下选择全生命周期费用最低的设备。

3.1.4　管好专项资金

煤矿企业专项资金作为一种资金投入，不仅用于维持矿山的简单再生产，而且还在改善职工生产生活环境、保障矿井安全生产等方面起着重要的作用。专项资金范围包括井巷资金、维简资金、安全费用、国债资金、技改贴息贷款、折旧资金、大修理费及用于工程施工的生产资金等。由于专项资金项目涉及的部门多，管理环节也比较复杂。

过去，陕北矿业在专项资金管理方面存在诸多问题。一是项目申报时缺少论证。各单位在上报项目时，没有坚持统筹考虑的原则，对项目不做可行性论证。上报项目（尤其是一些重大综合性项目）时仅向计划部门提供项目名称、规格型号、工程量和计划资金；而项目实施的必要性、可行性、实施的方案、实施进度安排、投资资金估算依据、经济效益和社会效益等都没有被统筹考虑。二是项目论证和设计缺少评审环节。各单位申报项目时不做项目论证，申报材料不全。即使做了简单的论证，也没有对论证结果进行评审，论证中出现的错误、漏洞无法及时发现，在实施时导致变更过多。三是各单位、各部门之间缺少沟通、协调。由于专项资金的计划、实施涉及的专业面广、涉及的单位部门多，因此专项资金项目需要各专业、各部门的相互协作。项目涉及的专业除煤矿上的采、掘、机、运、通五大专业以外，还涉及土建、信息化、招投标、后勤服务等；项目涉及的单位不仅有各二级单位，还有机关规划、生产、机电、基建、安全、企管、财务、审计监察等部门。如果各专业、各单位、各部门不共同协作，一个环节上出问题，将会导致项目进展受阻，无法使计划得到按期落实。

为了解决上述问题，陕北矿业以公司专项资金管理办法为基础，在全面贯彻执行“集团公司关于印发《专项资金管理办法（试行）的通知》（陕煤化司发〔2015〕264 号）”“集团公司关于《应对当前形势的二十二条措施》（陕北矿业发〔2015〕244 号）”和“集团公司关于印发《应对当前经济形势的三十条措施》的通知（陕煤化司发〔2015〕81 号）”精神的基础上，制定了《专项资金管理办法》。在专项资金计划使用方面，严格遵循“量入为出，总量控制；先提后用，专款专用；统筹安排，突出重点”的原则。

第一，加强项目申报的前期论证工作。上报项目前编制项目可行性研究报告（或项目建议书），对项目实施的必要性、可行性、实施的方案、实施进度安排、投资资金估算依据、经济效益和社会效益等进行全面论证。第二，做好项目论证和设计的评审工作。项目立项前可行性研究报告（或项目建议书）编写完成后，公司要组织专业人员对其进行审核，重点审核项目实施的必要性和可行性，审核通过后方可申报。第三，建立计划部门、业务主管部门、实施单位之间相互协作的运行机制。专项资金管理工作是一项系统工程，各单位各部门相互协作非常重要，从项目申报、审批、设计、招标到实施、中间验收、竣工验收、结算、决算、审计等各个环节上各单位各部门之间都要通力协作。项目申报单位不仅要做好项目论证、申报工作，而且要做好项目的实施工作，是项目实施的主体。各业务主管部门要做好项目论证报告、项目设计、技术参数的审核工作，并做好项目实施过程中的监督检查工作。

通过这些措施，陕北矿业在专项资金管理、重大成本管理、计划审批、施工管理及竣工验收等方面实现了程序化和规范化，各单位的专项资金及重大成本管理台账、资料及档案管理也趋于标准化、规范化。

3.1.5　降低运营成本

陕北矿业从全生命周期角度提出了“有效节约运营成本”。“有效”是指成本节约要有利于企业战略目标的实现，要有利于企业核心竞争力的形成，要有利于企业价值创造能力的提升。“节约”是指把成本水平控制在一定的范围。陕北矿业形成了以下认识：第一，成本并不是越低越好。企业如果一味追求低成本，而以牺牲煤炭产品为代价，可能导致后续成本的不断增加，反而削弱了企业的核心竞争力和价值创造能力。第二，成本管理并不是越细越好。所有的管理措施均需要考虑投入与产出之间的关系，在一定的人力、财务、物质资源配置条件下，使成本水平达到最优。第三，成本管理并不只是财务部门的事。成本管理的概念应该渗透到企业的方方面面，应上升到企业文化建设、体制建设、战略规划的高度。第四，成本管理不应只重节约，也要重视预防。

在具体措施上，陕北矿业做到了以下五点。

一是牢固树立过紧日子的思想。陕北矿业积极开展形势教育，引导全体员工清醒地认识到外部经济形势和公司经营压力，把大家的思想统一到了增收节支、降本增效上，形成了“全面、全员、协同”降本增效态势。全面降本增效，要求全环节、全流程降本增效；全员降本增效，注重把压力进行层层分解和形成绩效考核机制；协同降本增效，实现了设计单位、施工单位和建设单位共同应对挑战。

二是深化全面预算管理。常言道，凡事预则立，不预则废。陕北矿业在原有财务预算的基础上，将一切生产经营活动纳入到预算之内，财务部门定期对预算执行情况进行分析、监控。各单位、各部门将预算指标进行层层分解，从横向和纵向落实到内部各环节和各岗位，形成了全方位的预算执行责任体系，保证了预算目标的实现，也维护了预算的严肃性。

三是强化机电安全管理，消除机电管理盲点。合理安排设备日常维修保养和预防性检修，努力提高预防性检修执行率和准确率。强化设备运行现场管理，进一步提高检修效率和质量，确保万吨煤停机时间控制在0.2以内。加大设备调剂力度，有效盘活设备资产，全面提高了设备利用率。进一步加强物资管理，严格执行公司招投标管理有关规定，货比三家，把握最佳性价比，降低了物资采购成本。

四是广泛动员开展小改小革、修旧利废活动。鼓励职工积极投身实施小改小革，从节约一滴水、一张纸、一度电、一颗螺钉做起，从日常细节做起，培养形成良好的节约习惯。树立“节支”就是增收，“修旧”就是创收的管理理念。加大自主维修及修旧利废力度，加强废旧材料回收复用管理，鼓励各区队“交旧领新”，降低生产成本。

五是强化责任落实，严格落实中央八项规定，坚决遵守陕煤化集团相关规定，从严从紧控制各项费用，努力降低非生产性支出。

3.2 “三效”合一

效益的实现意味着“做正确的事”，效益大小表明组织目标的实现程度。效率的提升意味着较小的投入获得较大的产出，意味着做事的方式方法要正确，即“正确地做事”。在基本建设管理过程中，沟通效果往往决定着项目进度和项目成本，要“合作共赢”。“做正确的事”解决的是方向问题，只有方向正确，才能确保每一项工作结果是正作用的；“正确地做事”解决的是方式问题，只有以低成本的方式，才能确保项目的效益；沟通效果解决的是“合作共赢”问题，只有保持高效的沟通和协调机制，才能确保效益和效果。因此，陕北矿业有机地把“做正确的事”“正确地做事”和“合作共赢”三者有效地结合起来，形成一个有机整体。“增效”就是增加投资效益、管理效率和协调效果，也就是“三效”合一。

图3－2表明，“增效”不仅是陕北矿业一家所关心的问题，增效对建设工程设备和材料供应商、设计单位、施工单位、陕北矿业来讲，是共同的目标。它们是一个利益共享体，增效对促进各自的管理水平的提高都具有十分重要的作用。

3.2.1 确保投资效益

在项目决策阶段，首先，陕北矿业对项目投产后的盈利能力、投资偿还能力、各项财务指标进行分析论证；其次，测定项目的投资效益；最后，根据测算结果和企业战略发展目标，建立项目投资的目标体系，目标体系见表3－1。

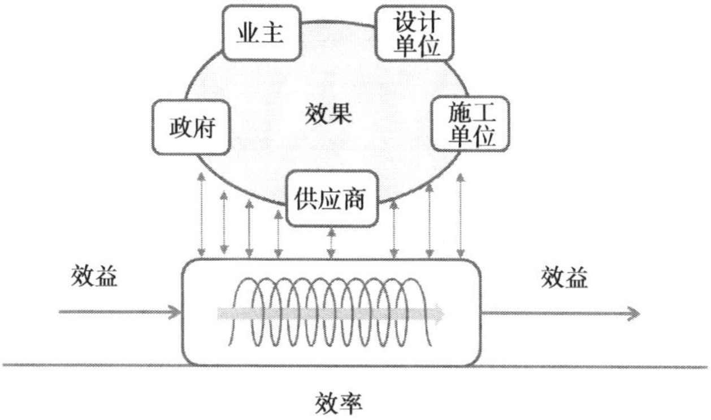
业主
设计单位
效果
政府
施工单位
供应商
效益
效益
效率

图 3－2　陕北矿业基本建设管理“三效”合一

表 3－1　陕北矿业建设项目目标体系

目　　标		目标值
安　　全	百万吨死亡率	0
	重大非人身事故	0
产　　量	全年煤炭产量	根据矿井实际条件设定目标值
	全年掘进进尺	根据矿井实际条件设定目标值
成　　本	单位生产成本	根据矿井实际条件设定目标值
质　　量	质量标准化	国家一级
	商品煤发热量	根据矿井实际条件设定目标值
资源综合利用和环境保护	资源回采率	符合国家储量管理相关规定
	万吨煤综合能耗	符合国家和地方相关能源消耗限额标准
	二氧化硫、氮氧化物、COD 排放量	符合国家和地方有关总量和质量达标要求
	矿井水综合利用率	符合国家相关要求

一是合理控制人员的流动性，加强建设项目管理及工作人员的素质培养工作。人员过于频繁的流动，尤其是管理人员的频繁换任对于项目管理是百害而无一利，企业要合理控制工作人员的流动性，对于自身素质较差的员工可以组织培训及学习，对建设项目管理理论知识进行不间断地补充，这样才能有效地提高项目管理的运行效率。

二是建立和完善项目管理体系。在项目部成立之时，相应配套的项目管理体系也要完善，首先是必须确立企业法人在项目管理中的主体地位；其次是根据完善的项目管理体系对项目实施科学管理，并对运行的各项管理过程和结果进行监督，通过“标本分离”合理确定项目目标，对各个项目管理过程及其结果实施有效监控；最后是不断地改进和完善项目管理过程和项目管理体系，确保其适应不同时期的要求。

三是建立有效的施工计划保证体系，确保工期进度、质量达标。为了保证工期进度和质量能够按照既定的计划如约完成，就必须建立一个有效的施工计划保证体系，以项目经理为责任主体、以项目副经理、技术负责人、各部门负责人为基础的多级计划执行体系，使施工计划的每一项工作都能如期有序的完成并确保质量达到要求。

3.2.2 提升管理效率

提升项目运营效益体现在降低成本和增加收益上，陕北矿业在增加项目收益上采取了以下几项措施。

一是做好施工前的准备工作，见表3－2。

表3－2 煤炭建设项目施工准备

序　　号	项　　目	评价内容
1	开发周期	·项目如期开工建设情况 ·已开工项目，建设进度情况 ·按照批准文件要求，如期完成项目建设情况 ·项目延期情况
2	工程质量	·质量事故 ·工程质量奖项 ·工程一次性竣工验收率
3	安全管理	·人身伤亡 ·火灾 ·失窃 ·文明施工
4	内部管理	·内部管理制度执行情况
5	投资成本	·年度投资计划执行情况

二是综合考虑各矿井采掘接续、采场条件、队伍安排、吨煤盈利水平、装车外运及矿井产能等因素，加强现场生产组织和设备运行管理，合理安排工作面配采及搬家倒面，挖掘各矿生产潜能。

三是结合生产任务及整体生产接续，优化生产布局，协调生产节奏，促进高效生产。持续优化采区巷道布置等各类工程设计，加快新技术、新方法、新材料的推广与应用，加快煤矿岗位标准作业流程应用，全面实施精益化管理，努力提升单产单进水平。

3.2.3　强化协调效果

组织协调就是联结、联合、调和所有活动及力量，其目的就是促使各参与方协同一致，调动一切积极因素，以实现预定目标。协调工作贯穿整个项目建设的全过程。

第一，强化与设计单位的协调。及时传达业主的设计构想和功能需求，协调设计单位踏勘现场，做好设计方案的汇报工作；尊重设计单位的设计意图，协调与其他各专业设计的沟通与配合，形成系统设计方案；抓好设计与施工的交底沟通，积极处理施工过程中的设计变更，发现设计问题应及时向设计单位提出。

第二，强化与监理单位的协调。按照合同约定，督促监理发挥其合同范围内应承担的责任和义务，促使建设项目保质、保量按计划顺利实施；尊重和相信监理单位，充分授予监理单位的管理职权，特别是工程量和材料单价的确认；充分发挥监理的专业技术管理优势，积极促进监理抓好工程质量、进度、投资和安全等工作。

第三，强化与施工单位的协调。积极协调和配合施工总承包单位抓好工程质量、进度、投资和安全等所有工作；尊重施工单位的独立主体地位，充分发挥施工总承包单位的专业施工能力和总包管理能力；检查和督促施工单位按计划保质、保量完成合同约定的所有施工任务；协调设计、造价与施工总包、专业分包、供货商、设备商之间的业务关系和交叉作业流程。

第四，强化与政府部门及其他单位的协调。主动办理建设工程的各项报批报建手续，做好公开招标工作，办理开工许可证；主动接受城管、环卫、质检的监督和检查，主动办理各种材料的质检、报验和性能试验；积极完善消防审批手续，主动申请消防部门提前审查，确保消防报验符合规定要求；完善工程档案图纸和资料，并做好规委、建委、档案馆等部门的资料备案工作。

第4章　双轮驱动

美国管理大师德鲁克说："不创新，就灭亡"。创新既是培育企业核心竞争力的重要途径，也是降本增效的驱动力。在煤炭基本建设管理过程中，陕北矿业通过创新形成了新理念、新机制和新模式，改变了员工的工作态度和工作方法。创新体现在"变革"，形成的结果还必须有一个落地过程。精细化管理的核心就在于"固化"和"执行"。创新和精细化是陕北矿业基本建设管理目标实现的驱动力，协同助推其基本建设管理目标的实现。

4.1　创新驱动

创新有三种模式，一是原始创新，二是集成创新，三是消化吸收再创新。根据煤炭基本建设的特点，集成创新应该成为煤炭基本建设管理者探索的主要模式。集成创新是指利用各种信息技术、管理技术与工具等，对各个创新要素和创新内容进行选择、集成和优化，形成优势互补的有机整体的动态创新过程。

将计划、组织、指挥、控制这些手段及其配套的机制有机地整合在一起，称之为管理"集成"。煤炭基本建设项目管理集成主要包括两个方面：一是传统管理方法、现代管理方法的综合运用，即通过项目管理中的生产方式、运行法则、管理制度、施工方法的创新应用，使建设项目顺利、高效地运行；二是为保证建设项目的顺利进行，借助第三方力量介入整个项目建设的过程，从设计、施工、监理等方面均实行项目招投标制度，确保项目顺利实施。

其中，第一方面内容主要体现在煤炭基本建设项目的建设过程中，构成了整个项目建设的一部分，集成的对象主要是管理手段。第二方面内容则主要体现在建设项目的运行过程中，表现在建设项目的运行中引入市场竞争机制，第三方承担建设项目的监理工作，集成的对象不仅包括管理手段，还包括管理机制。

根据图 2－12 的分析，陕北矿业基本建设管理旨在打造从自身问题出发的管理模式，走出一条适合企业自身实际情况的管理水平提升路径，因此陕北矿业选择了集成创新策略。一是集成企业过去成功经验和做法，二是集成先进企业，特别是陕西关中地区一些老矿井基本建设管理经验，三是集成陕北地区先进企业的管理经验，四是集成最新的管理理念和方法。汇多方之智，融企业之力，陕北矿业以问题为导向，创新驱动企业基本建设管理水平的提升。

陕北矿业在创新方面，强调在理念、机制和模式上的集成创新，见图 4－1。

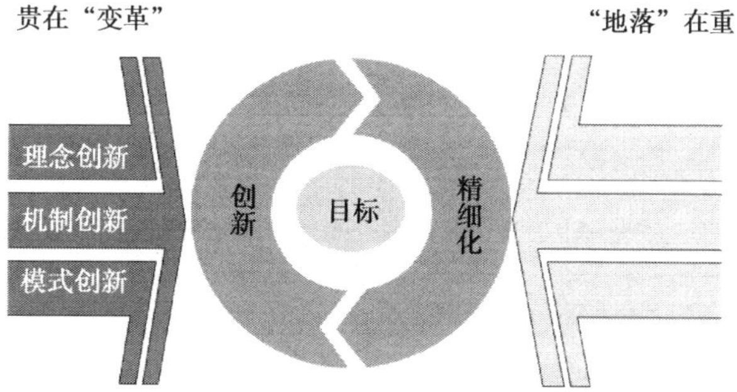
贵在“变革”
“地落”在重
理念创新
机制创新
模式创新
创新
目标
精细化

图 4－1　陕北矿业基本建设管理创新

4.1.1　理念创新

理念创新源于人的精神活动，如概念、构想以及对尚未出现的某些新事物的发展规划等，是在集成现有理论和成果的基础上，并在肯定、否定、保持、发展的研究过程中产生新思想、新观念。理念创新是思想观念的创新，是创新的源头。创新力就是理念创新的直接体现，是企业发展的首要动力，也是企业生存发展的核心竞争力。没有理念创新，就没有管理创新和技术创新。

在设计理念上，树立“业主主导设计”理念，开展项目优化设计。首先，在初步设计工作阶段，防止初步设计方案未批复，工程详勘就超前进行。其次，重视优化工艺技术方案，选择可靠、合理、经济的最佳方案；优化设备选型，体现工艺方案的技术先进性和经济合理性，保持整个工艺流程各工序平衡；优化项目总图布置，满足生产工艺、卫生、安全方面的要求，实现布置紧凑、节约用地和减少投资。最后，严禁提高设计标准，开展限额设计，降低工程造价。

在安全上，确立“大安全”理念。陕北矿业积极与设计单位沟通，把保障矿井安全生产的思想渗入到矿井的设计当中。为实现这一理念创新，陕北矿业和设计人员在准确把握矿井资源赋存条件的基础上，在初步设计阶段就充分考虑矿井生产后的安全问题，将大安全的理念带入到矿井的设计过程中，在建设之初就明确矿井安全保障系统应达到的要求。针对瓦斯治理、水灾防治、顶板管理等矿井主要灾害设计了有效的防治技术手段和先进的保障设施，并依靠信息技术和集成控制技术建立了安全生产综合监控系统，对全矿井通风、安全、提升、运输、综采工作面回采、瓦斯抽采、供电、压风、洗选、给排水等各生产环节进行连续监测和无盲点调度，为矿井投产后的安全生产打下坚实的基础。

在建设理念上，陕北矿业在全面总结我国煤炭基本建设管理得失经验的基础上，力争把企业建设成以集约化管理、技术密集型、资源节约型和环境友好型企业为发展方向的新型煤炭企业。例如，韩家湾煤矿基本建设始终坚持煤炭资源开采与生态环境保护相结合的原则，注重与环境的和谐一致。原煤及产品不见天，在带式输送机运输走廊内封闭运输。不设露天存煤场，原煤全部仓储，地面空地全部绿化。结合建筑造型、音乐广场、假山、场地铺砌、建筑小品等种植了与之相适应的适合当地气候的树种，配置了绿篱、花坛，铺种了草坪，为职工提供了优美的工作环境。

4.1.2 机制创新

“机制（mechanism）”一词最早源于希腊文，原指机器的构造和动作原理。对机制的本义可以从以下两方面来解读：一是机器由哪些部分组成和为什么由这些部分组成；二是机器是怎样工作和为什么要这样工作。生物学和医学通过类比借用此词。生物学和医学用以表示有机体内发生生理或病理变化时，各器官之间相互联系、作用和调节的方式。把机制的本义引申到不同的领域，就产生了不同的机制。如引申到生物领域，就产生了生物机制；引申到社会领域，就产生了社会机制；引申到经济学领域，表示一定经济机体内，各构成要素之间相互联系和作用的关系及其功能。后来，机制一词进入经营管理领域，用经营管理机制表示一定时期某经营管理主体经营管理构成要素之间相互联系和作用的关系及其功能。在任何一个系统中，机制都起着基础性的、根本的作用。在理想状态下，有了良好的机制，甚至可以使一个社会系统接近于一个自适应系统（在外部条件发生不确定变化时，能自动地迅速做出反应，调整原定的策略和措施，实现优化目标）。

“新机制”就是要强化竞争、激励和约束机制，开拓思路，构建目标责任体系，形成良好工作氛围，确保矿井建设各项工作的顺利进行，全面提高工作质量和效果。

一是加强人力资源的开发与培养。在知识经济时代，知识正成为发展经济与提高竞争能力的原动力，而知识的载体是人，是熟练掌握业务的科技专业人才。因此谁拥有足够数量的高水平专业人才，谁就在竞争中胜人一筹。根据前文的分析，造成陕北矿业基本建设管理诸多问题的一个重要原因就是缺乏高专业素能的人才。因此，陕北矿业十分重视对人才的培养和大胆使用，锻炼出一批批人才。公司人力资源部行“举贤、荐贤、用贤”的用人之策，为那些投身矿井建设和发展的有志青年提供了施展才华的舞台，一些年轻的大学生在矿井建设中成长起来，成为中层领导，成为企业的栋梁。

二是建立公平合理的绩效考评体系。良好的考核体系能充分调动企业员工的积极性，提高他们的工作绩效。陕北矿业在考核方面，在对管理人员、业务人员等各级人员的绩效评价中加入项目管理的内容，对各级负责人除了考核职能工作业绩外，还考核项目管理业绩，并进行综合评估。对参与项目的人员在提升、奖励、绩效考核方面有优先的权利。

三是严格管理与有效激励相结合。陕北矿业每个月都举行“质量评比活动”，对其中涌现出的一批优秀单位和个人进行奖励。

4.1.3　模式创新

模式创新就是在已有的建设工程项目管理模式（CM 模式，分为代理型 CM 模式和风险型 CM 模式）、设计—建造模式（DB 模式）、设计—管理模式（DM 模式）、工程总承包模式（EPC 模式）、项目管理承包商模式（PMC 模式）、项目总控模式（PC 模式）、伙伴管理模式（Partnering 模式）的基础上打造陕北矿业基本建设管理模式，力图全面变革现有管理方式。

在陕北矿业基本建设方式变革模式创新中，着重突出以下几个方面。

一是明确业主职责，确保施工工期。项目业主作为工程项目的所有者和建设市场上的买方，对项目目标实现起主导作用，是工程项目的责任主体，工程项目业主应当依法认真履行自己的职责。陕北矿业过去常常淡化业主责任，忽略基本建设管理的主体地位，造成了工作上的被动。

因此，痛定思痛，陕北矿业明确在项目管理各个阶段的职责。在项目决策阶段的职责为：组织编写项目建设书或进行投资机会研究，自行组织或委托工程咨询单位进行项目可行性研究，确定项目建设方案。在项目实施阶段的职责为：委托社会监理，提供建设基地，组织委托勘察和设计工作，组织施工招标工作，向有关的勘察、设计、施工、工程监理等单位提供与建设工程有关的原始资料，根据工程承包合同做好业主方的材料和设备采购工作，筹集建设资金，协调与工程项目有关各方的关系，项目启动前准备以及项目验收结算。

二是推行招标投标制，进一步提高综合效益。通过严格的招标投标，能够为参与投标各方提供一个公平竞争的平台，实现优胜劣汰，使投资建设方能够在一定条件下以更合理的投资、优良的工程质量、较短的工期来实现预期的目标。陕北矿业在设计、施工、监理、设备及材料的购置均实行项目招标制。通过优中选优、好中选好，能够选择最优的合作伙伴和最佳的技术装备。

三是引入工程监理制，提高工程质量。陕北矿业高度重视工程监理在提高工程实体质量方面的重要作用，监理在工期、质量、投资三大控制方面真正起到了监督把关作用。

四是推行扁平化管理，在项目建设过程中，精简机构和人员，减少管理层次。例如，在韩家湾煤矿改扩建过程中，以建设高标准、集约高效的矿井为建设目标，按照项目建设需要，初期仅设置四科一室。后期根据业务工作开展需要，进行了职能分立，严格按照机构多职能、人员多职责的思路，减少管理层次，实现了组织管理的精简高效。

五是构建高效的项目管理模式，提高工程管理效率。韩家湾煤矿洗煤厂建设借鉴和运用了其他行业 EPC 建设管理经验，较大地提高了效率。

4.2 精细化驱动

精细化作为现代企业管理理念，源于日本企业在 20 世纪 50 年代提出并发展的精益管理理念，即通过查找和消除生产过程中各种各样的浪费现象达到降低成本之目的。作为一种先进的管理思想，精细化管理已经被越来越多的企业管理者所接受。许多煤炭企业的精细化管理实践也证明，推行精细化管理对于提高管理水平和降本增效尤为必要，是煤矿企业突破管理“瓶颈”和提升企业核心竞争力的主要方法。

尽管，煤炭企业不同于汽车制造企业，但是精细思想仍然可以用于煤炭企业基本建设管理。第一，精益生产的核心在于人，在于充分发挥员工的主动性和创造性。在新形势下，煤炭企业基本建设管理只有确立员工在管理中的主导地位，真正实现全员自主管理，最大限度地发挥出员工的能动性才能凝聚员工力量，由制度管理过渡到自主管理。第二，煤炭企业基本建设管理，特别是矿井建设项目管理，是一个复杂系统。只有精细工作标准，提升工作境界，使员工操作精细化，事事按标准做，才能最大限度地发挥企业的各种潜能，实现煤矿的高产高效。第三，精细化管理是实现基本建设管理目标——降本增效的必要手段。

现阶段，煤炭企业精细化管理普遍存在以下误区：一是把精细化管理等同于基础管理、基层管理、文化管理等活动，认为搞好“工作分析、流程描述和制度梳理”就是精细化；二是把精细化管理活动仅限于企业的基层单位，其实企业所有层面的管理活动，包括战略管理、职能管理、流程管理等都存在精细化的问题，事实上某些高层管理的精细化活动成效可能远比基层单位的精细化活动成效更明显；三是认为精细化就是“美化工程”，搞好巷道美化、工作面工厂化、员工军事化等就是搞精细化管理，一些煤矿甚至在井下进行栽花养鱼；四是认为精细化管理就是细节管理，职责细化、流程细化、控制细化、制度细化、行为细化等构成了精细化的内容。这些误区主要源自三方面原因：一是过多地纠缠于“精细”两字的字面含义，努力拆分“精”和“细”，而忽视精细化管理的内涵和本质要求；二是忽视了精细化管理是一个持续改进的过程，已有的实践模式都不能体现这一点；三是忽视企业文化建设对精细化管理的固化和提升作用。

陕北矿业基本建设精细化管理，就是在精益思想指导下，最大限度地减少管理所占用的资源和降低管理成本的管理手段和方法。对于陕北矿业基本建设管理来讲，推行精细化管理，不能面面俱到，要抓住关键环节和细化关键控制点，通过关键环节的精细化，起到示范和引领作用，进而改变员工的思维模式，实现管理行为的根本转变。如何推行基本建设管理精细化，陕北矿业抓住了“制度、组织和档案”这三个关键环节，见图4-2。

4.2.1　制度管理精细

制度是基本建设管理的基础。结合现代化矿井建设项目施工过程中易发生安全及质量事故，施工过程中存在着诸多薄弱环节的现状，陕北矿业狠抓

贵在“变革”
“地落”在重
理念创新
机制创新
模式创新
创新
目标
精细化
制度精细
组织精细
档案精细

图 4 – 2　陕北矿业基本建设管理精细化

制度精细。

制度精细化就是紧扣“管用”这一核心，制定的各项措施符合实际情况，要简单易行，要抓住要害和精准到位。陕北矿业于2011年颁布的《基本建设管理办法》，对工程开（复）工报告审批、计划统计、安全管理、质量管理、进度管理、投资管理、验收管理、档案管理等工程各方面进行了规定。但是，仍然在职责和权限方面存在较多不明确的地方，根据“三个简化”，根据公司及各所属单位实际情况，2013年基建部分别制定了《基本建设管理补充规定办法》《工程预算审批管理办法》《井巷工程风、水管路施工管理法》《工程预算定额选用管理办法》等基本建设管理方面的规章制度，使其更有指导性和操作性。这些措施从根本上规范了公司的项目管理，使基建项目管理规范化、制度化，为保证项目质量和进度，提高项目的投资效应提供了切实可行的办法和依据。

4.2.2　组织管理精细

2009年3月16日以前，陕北矿业基本建设管理由公司技改工程部负责，公司总工程师担任技改工程部部长，设三名副部长，两名科长。2009年3月16日以后，基本建设管理由公司规划发展部负责。2011年4月8日，增设基本建设管理部，基本建设管理部设经理、副经理、科长等管理人员，对各二级单位基本建设工作进行协调和指导。陕北矿业基本建设各二级单位在基本建设过程中设筹建处，筹建处设主任（正处）、副主任、总工程师等，由筹建处主任统一管理，筹建处下设工程安监部、机电部等相关部室。2016年，为了更好从全生命周期角度系统整合基本建设管理资源，陕北矿业将基本建设管理部与规划发展部合并成立了新的规划发展部。相应地陕北矿业基本建设组织管理也经历了韩家湾技改、项目运营、精细化管理和系统整合发展阶段，见图 4－3。

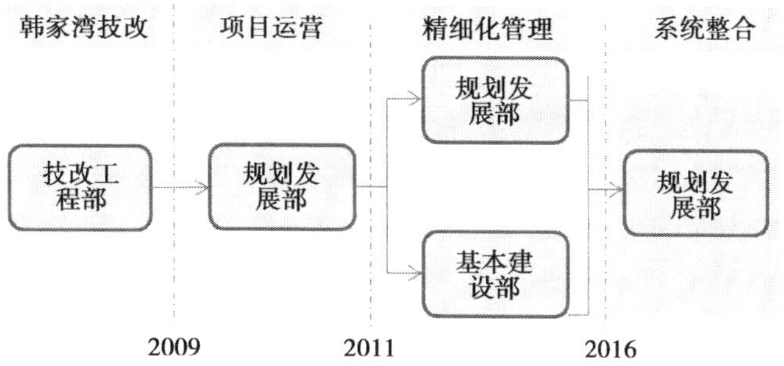
韩家湾技改
项目运营
精细化管理
系统整合
技改工程部
规划发展部
规划发展部
基本建设部
规划发展部
2009
2011
2016

图 4－3　陕北矿业基本建设管理组织精细化

陕北矿业基本建设组织管理精细化，就是推行“5 定”方案，即定岗、定编、定责、定素能标准、定工作标准、定流程。

一是定岗、定编。定岗定编是指在一定时期内根据陕北矿业既定的发展战略、生产规模，对基本建设管理的岗位设置和岗位编制进行明确。陕北矿业在明确组织机构和各部门职责的基础上，根据以下三点原则：一是因事设岗原则，事变则岗变；二是最少岗位数原则，力求组织结构精简；三是效能最优原则，岗位设置要保证基本建设管理职能的充分实现。详见表 4－1。

表 4－1　规划发展部定岗、定编

部　门	岗位设置	定　编	备　注
规划发展部	经理	1	负责规划与基本建设管理工作
	副经理	1	负责新项目手续办理工作
	工程管理办公室主任	1	负责基本建设管理工作
	主任工程师	1	负责矿建工程管理工作
	科员	1	负责土建、安装工程管理工作
	科员	1	负责基本建设统计及档案管理工作
	科员	1	负责专项资金及重大成本管理工作
	科员	1	负责规划统计及档案管理工作
	经理	1	负责规划与基本建设管理工作
	小计	8	

二是业务职责精细。将规划发展部的职责规定如下：

规划发展部职责

部门使命：

在公司使命与发展目标指导下，通过对公司整体发展战略和资源配置的合理规划、项目开发以及对规划实施过程的有效管理，确保实现公司的战略目标；致力于公司基本建设项目的施工组织、技术、造价管理，保证建设项目按期竣工、技术领先、质量优良。

部门职责：

1. 战略规划

（1）研究企业外部经营环境和政策变化对公司的影响并提出应对建议。

（2）编制公司中长期发展规划，指导各职能部门制定专业规划，监督并评价所属单位的战略规划实施，根据问题进行调整。

2. 项目开发

（1）组织考察、论证、拟定公司的项目投资方案，并负责新建、改扩建、技改、国债等项目开工前的前期工作，组织评审及上报核准。

（2）负责企业的兼并和重组工作，提出公司重大资产或业务重组、对外收购、兼并及资产出让方案并办理相关业务。

（3）组织公司财务、法律等部门筹备项目公司。

（4）组织开展项目工程建设后评价工作。

（5）负责矿产资源界定、勘探、矿权获取及配置等相关业务管理。

（6）编制矿产资源压覆报告。

3. 计划管理

（1）负责公司经营计划的编制、下达，并考核计划的执行情况。

（2）组织、指导、监督各分、子公司编制年度经营计划。

（3）确定公司经营信息的收集渠道，定期收集信息，编写生产经营计划完成情况的分析报告。

（4）负责维简费、井巷基金、安全费用、大修理费用和国债资金的使用管理工作。

4. 项目及施工管理

（1）负责公司基本建设项目（含生产企业技术改造、产业升级、煤矿安全改造和维简费资金、专项资金的矿建、土建、安装工程项目，下同）计划的组织实施。

（2）负责公司建设项目从开工到竣工验收阶段日常业务管理工作。

（3）负责对建设项目开工报告的内部审查和报审工作。负责公司建设项目竣工验收初验及组织协调工作。

（4）负责指导和规范在建项目的工程质量管理和安全管理工作。组织公司建设管理先进单位评比工作。

（5）负责监理公司的监督管理工作。

（6）负责公司建设项目的信息管理和统计分析工作。

（7）参与项目工程建设后评价工作。

5. 技术管理

（1）组织建设项目初步设计及其重大技术方案变更的内部审查与报审工作。

（2）负责建设项目施工组织设计和施工组织设计变更的内部审查及报批工作。

（3）负责工程资料的归档管理和保密工作。

6. 造价管理

（1）负责公司建设项目投资概预算的内部审查工作，审核工程设计概算、施工图预算。

（2）负责建设项目实施阶段工程造价管理的综合协调和监管工作。

（3）参与建设项目招投标相关业务工作。

（4）严格按工程进度办理矿建、土建、安装三类工程项目的预算、决算。

7. 其他工作

（1）制定并贯彻落实本部门主管业务的规章制度与业务流程。

（2）对公司增加或减少注册资本、合并、分立、解散、重大机构重组和调整方案进行研究并提出建议。

（3）介入重大建设投资项目的过程管理，组织项目的竣工验收和评估工作，负责公司土地管理及监督使用。

（4）参与新建、改扩建项目的初步设计、重大技术方案和矿井重大技术方案（措施）的审查工作。

（5）完成领导交办和业务需要的其他工作。

三是定任职资格。美国著名心理学家麦克利兰提出的著名素能冰山模型，把人的素能模型形象地描绘成一座冰山，从上到下的深度不同表示被挖掘与感知的难易程度不同，向下越深越不容易被挖掘与感知。该模型将素能（胜任特征）分为五个层次，水上部分代表着表层的特征，称为“基准性素能”，指知识、技能、经验、经历等从事某项工作应具备的最基本素质，这些要素无法有效地区分出绩效优异者；水下部分隐藏的自我概念（态度、价值观与自我形象）、特质、动机等才是决定人们行为表现的关键因素，也是真正区别绩效优异者与绩效一般者的“鉴别性因素”。

依据岗位素能通用模型——冰山模型，陕北矿业基本建设管理岗位素能的构成要素由基本条件要素（学历、从事专业、专业职称、工作年限、积累的工作经验、年龄等）、必备知识要素、工作技能与综合能力要素、个性要素等构成。

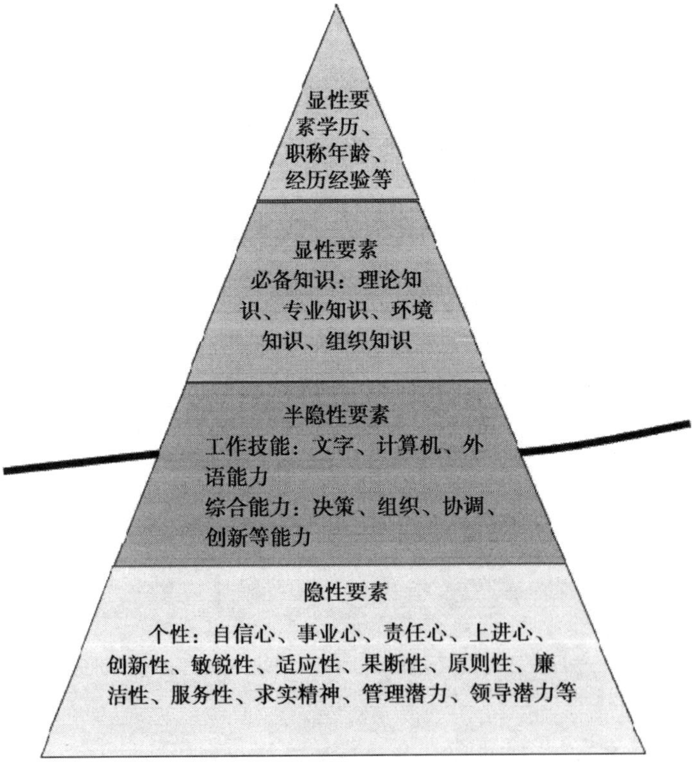
显性要素学历、职称年龄、经历经验等
显性要素
必备知识：理论知识、专业知识、环境知识、组织知识
半隐性要素
工作技能：文字、计算机、外语能力
综合能力：决策、组织、协调、创新等能力
隐性要素
个性：自信心、事业心、责任心、上进心、创新性、敏锐性、适应性、果断性、原则性、廉洁性、服务性、求实精神、管理潜力、领导潜力等

图4-4　岗位素能构成要素

其中，基本条件要素、必备知识要素、工作技能要素对应冰山模型的水上部分；综合能力与个性要素对应冰山模型中水下部分的动机、特质和自我概念等。具体如图4－4所示。图中半隐性要素中的许多能力是可以通过后天培训来开发的，随着组织给予员工的不断培训，员工个人能力逐渐加强，原来岗位素能中的半隐性要素逐步发展为显性要素，即随着社会的发展和人们素质的普遍提高，岗位素能对各要素的要求也将逐步提高。

结合岗位素能影响因素分析和岗位素能构成要素分析，纵向上按煤矿高层、中层和操作层岗位，横向上按管理岗位、技术岗位、生产操作服务岗位设计素能标准。素能标准包括素能的构成要素和要素的等级或标准等级。对于基本条件要素的标准，不分级别，直接采用对应的语言进行描述。其余要素的标准分级采用四级制，即Ⅰ、Ⅱ、Ⅲ、Ⅳ。其中各等级所对应的语言描述值见表4－2。

表4－2　岗位素能要素等级的语言描述

要素＼等级		Ⅰ	Ⅱ	Ⅲ	Ⅳ
必备知识	专业知识	了解	基本掌握	掌握	熟练掌握
	环境知识	—	了解	较熟悉	熟悉
工作技能	文字能力	—	一般	较扎实	扎实
	计算机能力	了解	基本掌握	掌握	熟练掌握
	外语（英语）能力	较低（达到初中英语水平）	一般（达到高中英语水平）	较高（达到大专英语水平）	高（达到大学本科英语水平）
	综合能力	较低	一般	较强	强
	个性要素	较低	一般	较强	强

职位名称	规划发展部部长	职位编号	
所在部门	规划发展部	职位定员	
直接上级	总经理	基本薪酬等级	
直接下级	副部长	薪酬类型	
所辖人员	1	职位分析日期	
职位描述			
职位目标：做好公司的战略规划、生产、基建、专项资金计划工作			
职位职责： （1）协助总经理做好规划发展部日常工作，主持规划发展部全面工作； （2）通过对公司整体发展战略和资源配置的合理规划，项目开发以及对规划实施过程的有效管理，确保实现公司的战略目标； （3）做好新项目开发的前期工作； （4）做好生产、基建、专项资金计划工作； （5）完成公司领导交办的其他工作			

续表

任职资格		
教育水平	专科及以上学历	
专业		
经验	具有10年以上煤炭生产经营管理经验	
个人素质	具有坚定的政治方向，较高的调查研究能力、组织协调能力、政策把握能力、语言文字表达能力、开拓创新能力	
知识	熟悉国家产业政策、具有煤矿建设、生产、经营等相关业务知识	
技能技巧	具有较高的理论水平、管理水平和文字功底	
职权与其他		
职权	人事权	对分管范围内人员的考核评价权及奖惩培训建议权
	财务权	本部门发生费用的审核权
	业务权	业务监督检查权，合理化意见建议权
使用工具	计算机、打印机、Internet/Intranet 网络	
工作环境	独立办公室	

职位名称	规划业务副经理	职位编号	
所在部门	规划发展部	职位定员	
直接上级	规划发展部部长	基本薪酬等级	
直接下级		薪酬类型	
所辖人员	2	职位分析日期	
职位描述			
职位目标：协助部长做好公司的战略规划、生产、基建、专项资金计划工作			

职位职责：
(1) 协助部长工作，完成部长交办的日常工作；
(2) 对公司整体发展战略和资源配置进行合理规划；
(3) 通过项目开发以及对规划实施过程的有效管理，确保实现公司的战略目标；
(4) 编制公司生产、基建、专项资金计划，考核计划执行情况；
(5) 完成公司领导交办的其他工作

任职资格	
教育水平	专科及以上学历
专业	
经验	具有6年以上煤炭生产经营管理经验

续表

任职资格		
个人素质	具有坚定的政治方向，较高的调查研究能力、组织协调能力、政策把握能力、语言文字表达能力、开拓创新能力	
知识	熟悉国家产业政策，具有煤矿建设、生产、经营等相关业务知识	
技能技巧	具有较高的理论水平、管理水平和文字功底	
职权与其他		
职权	人事权	对分管范围内人员的考核评价权及奖惩培训建议权
	财务权	本部门发生费用的审核权
	业务权	业务监督检查权，合理化意见建议权
使用工具	计算机、打印机、Internet/Intranet 网络	
工作环境	独立办公室	

职位名称	基本建设业务副经理	职位编号	
所在部门	规划发展部	职位定员	
直接上级	规划发展部部长	基本薪酬等级	
直接下级		薪酬类型	
所辖人员	3 人	职位分析日期	

职位描述
职位目标：负责全公司年度基本建设计划及基建投资控制，负责全公司基建工程的实施与管理
职位职责： (1) 贯彻执行国家基本建设相关方针、政策和法规，严格履行陕煤化集团内部管理制度及内部业务协作程序； (2) 在部门经理领导下，完成年度基建计划； (3) 参加季度基本建设工作例会； (4) 参与编制年度基本建设计划，审查施工组织设计； (5) 组织审定工程项目方案及图纸会审； (6) 审核工程预算，参与工程竣工验收； (7) 参与编制基建管理制度； (8) 完成领导安排的其他工作

任职资格	
教育水平	大学专、本科以上
专业	矿建、土建、工程造价等专业
经验	具有五年以上基本建设管理工作经验
个人素质	业务熟练，有中级以上的专业能力，有较强的责任心和大局意识，有一定的组织能力和协调能力

续表

任职资格		
知识	具有专业知识，善于管理和协调人际关系	
技能技巧	矿建、土建、工程造价等专业	
职权与其他		
职权	人事权	
	财务权	
	业务权	业务监督权、合理化意见建议权
使用工具	计算机、打印机、Internet/Intranet 网络	
工作环境	独立办公室、基层现场	

四是定工作标准。例如，工程科长岗位工作标准如下：

工程科长岗位工作标准

1. 贯彻执行国家基本建设的方针政策、规程标准和技术规范。

2. 监督检查施工单位的工程设备、施工机具应具有生产（制造）许可证、产品合格证；煤矿井下使用的还必须同时具有防爆性能和煤安标志。工程设备、施工机具各项安全保护装置应齐全可靠并按规定进行安全性能检测。

3. 监督项目建设不得使用国家明令淘汰、禁止使用的危及生产安全的工艺设备和报废设备。

4. 落实施工现场安全措施和安全责任制。

5. 负责基本建设项目开工报告的审核办理业务；负责基本建设建议计划的编制指导及审核上报工作；负责分管专业工程方案审定和图纸会审；参加月度工程进度验收和项目竣工验收。

6. 经常深入现场，排查和整改基建工程隐患。

五是定业务流程。企业的成功依赖于其卓越的运营能力，而运营能力的基础是企业的流程管理。自从 1990 年美国 Michael Hammer 博士提出了“Business Process Reengineering”（BPR，业务流程再造）的观点，并在 1993 年和 James Champy 一起出版的经典之作《企业再造》中对业务流程再造进行了全面论述后，流程管理理论在西方得到深入的研究，并在企业中得到广泛的应用。有相当多的企业通过流程再造获得自己的竞争优势，建立流程型组织也成为众多企业努力的目标。Michael Hammer 认为流程是把一个或多个输入转化为对顾客有价值的输出活动。企业流程是一系列完整的端对端的活动，联合起来为顾客创造价值。流程的本质是以顾客为中心，并从顾客的需求出发，来安排企业的生产经营活动。陕北矿业为了实现基本建设管理的“无缝化”，对基本建设的业务流程进行设计。

项目投资管理业务流程

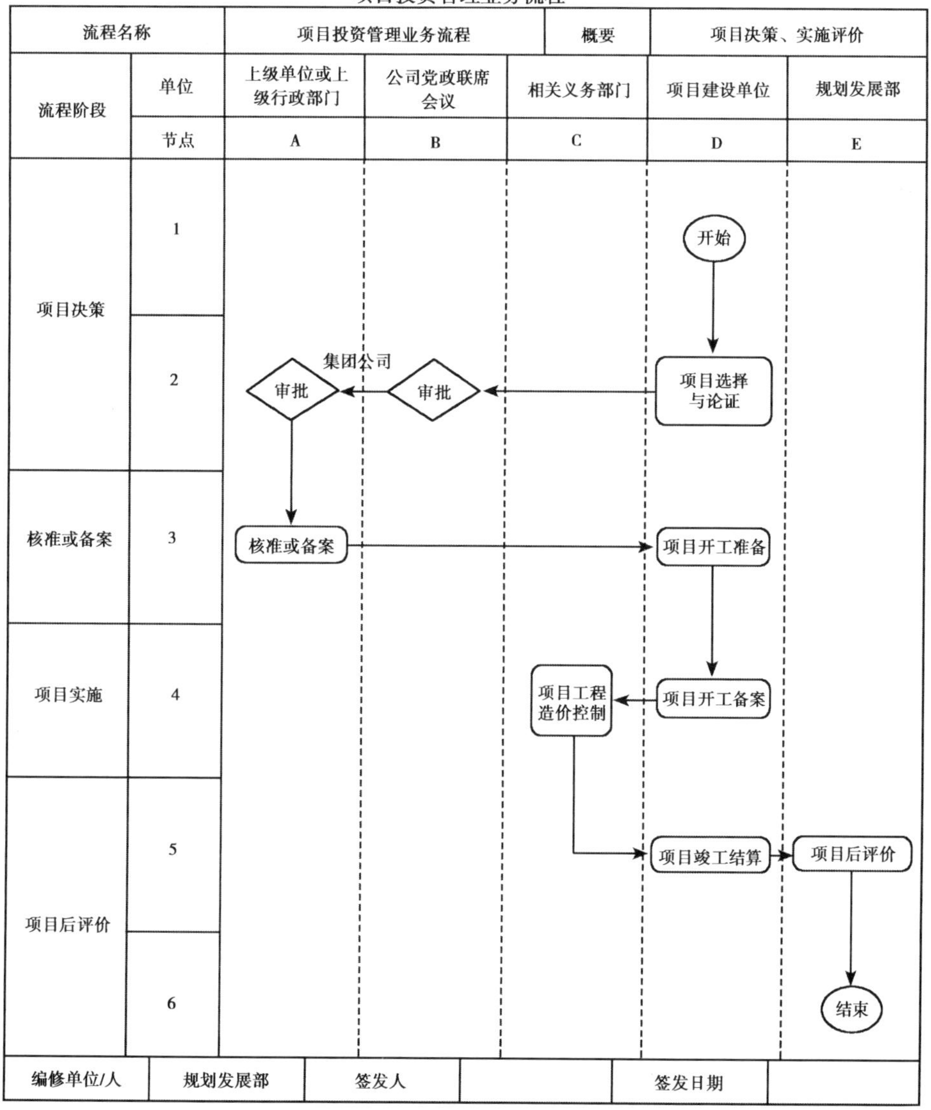
流程名称
项目投资管理业务流程
概要
项目决策、实施评价
流程阶段
单位
节点
上级单位或上级行政部门
公司党政联席会议
相关义务部门
项目建设单位
规划发展部
A
B
C
D
E
项目决策
1
2
核准或备案
3
项目实施
4
项目后评价
5
6
开始
项目选择与论证
审批
集团公司
审批
核准或备案
项目开工准备
项目开工备案
项目工程造价控制
项目竣工结算
项目后评价
结束
编修单位/人
规划发展部
签发人
签发日期

专项资金计划管理业务流程

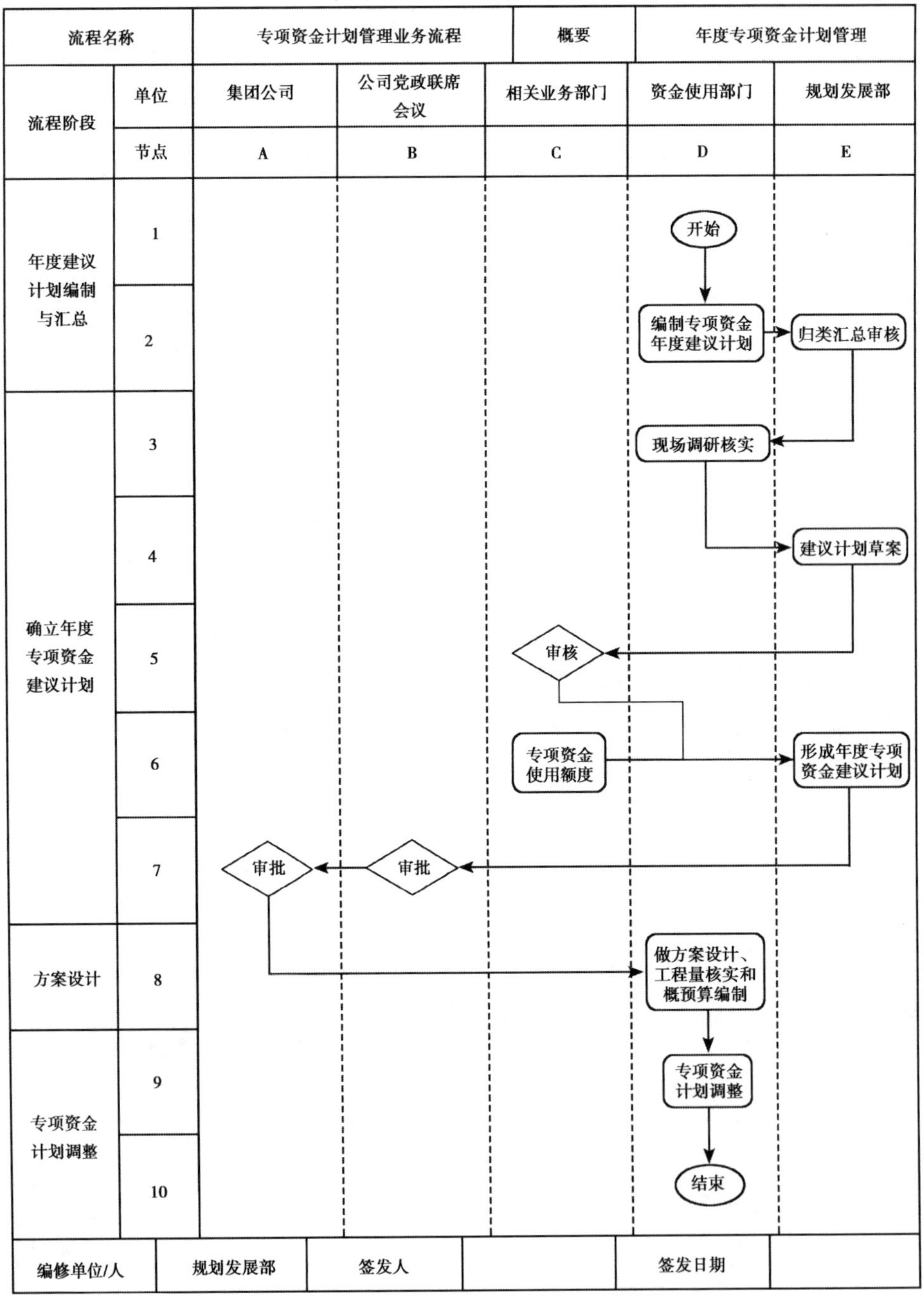
流程名称
专项资金计划管理业务流程
概要
年度专项资金计划管理
流程阶段
单位
节点
集团公司
公司党政联席会议
相关业务部门
资金使用部门
规划发展部
A
B
C
D
E
年度建议计划编制与汇总
1
2
确立年度专项资金建议计划
3
4
5
6
7
方案设计
8
专项资金计划调整
9
10
开始
编制专项资金年度建议计划
归类汇总审核
现场调研核实
建议计划草案
审核
专项资金使用额度
形成年度专项资金建议计划
审批
审批
做方案设计、工程量核实和概预算编制
专项资金计划调整
结束
编修单位/人
规划发展部
签发人
签发日期

图纸会审业务流程

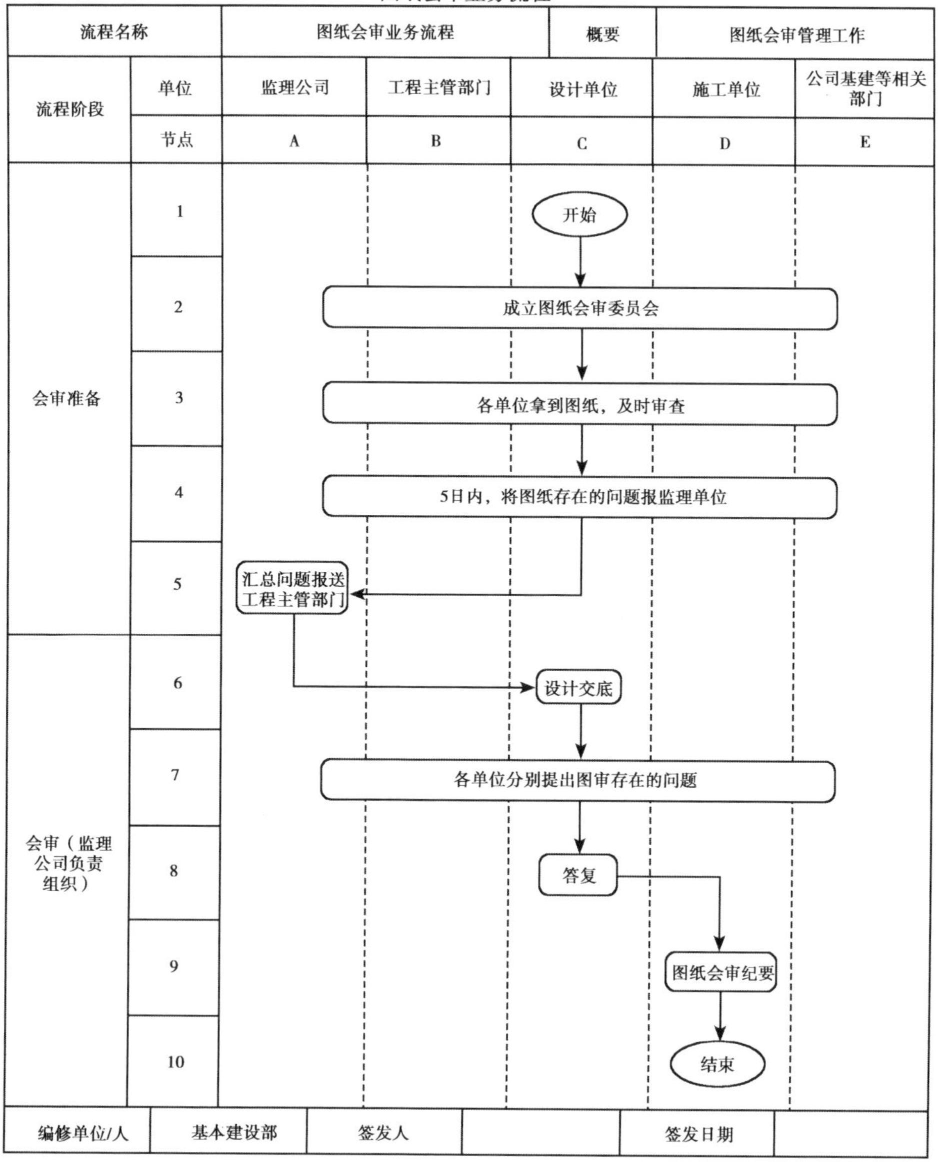
流程名称
图纸会审业务流程
概要
图纸会审管理工作
流程阶段
单位
监理公司
工程主管部门
设计单位
施工单位
公司基建等相关部门
节点
A
B
C
D
E
会审准备
1
2
3
4
5
会审（监理公司负责组织）
6
7
8
9
10
开始
成立图纸会审委员会
各单位拿到图纸，及时审查
5日内，将图纸存在的问题报监理单位
汇总问题报送工程主管部门
设计交底
各单位分别提出图审存在的问题
答复
图纸会审纪要
结束
编修单位/人
基本建设部
签发人
签发日期

单位工程竣工验收业务流程

流程名称	单位工程竣工验收业务流程		概要	单位工程竣工初检和正式验收管理工作	
单位	工程主管部门	监理单位	施工单位	建设单位	公司相关部门及其他单位
节点	A	B	C	D	E

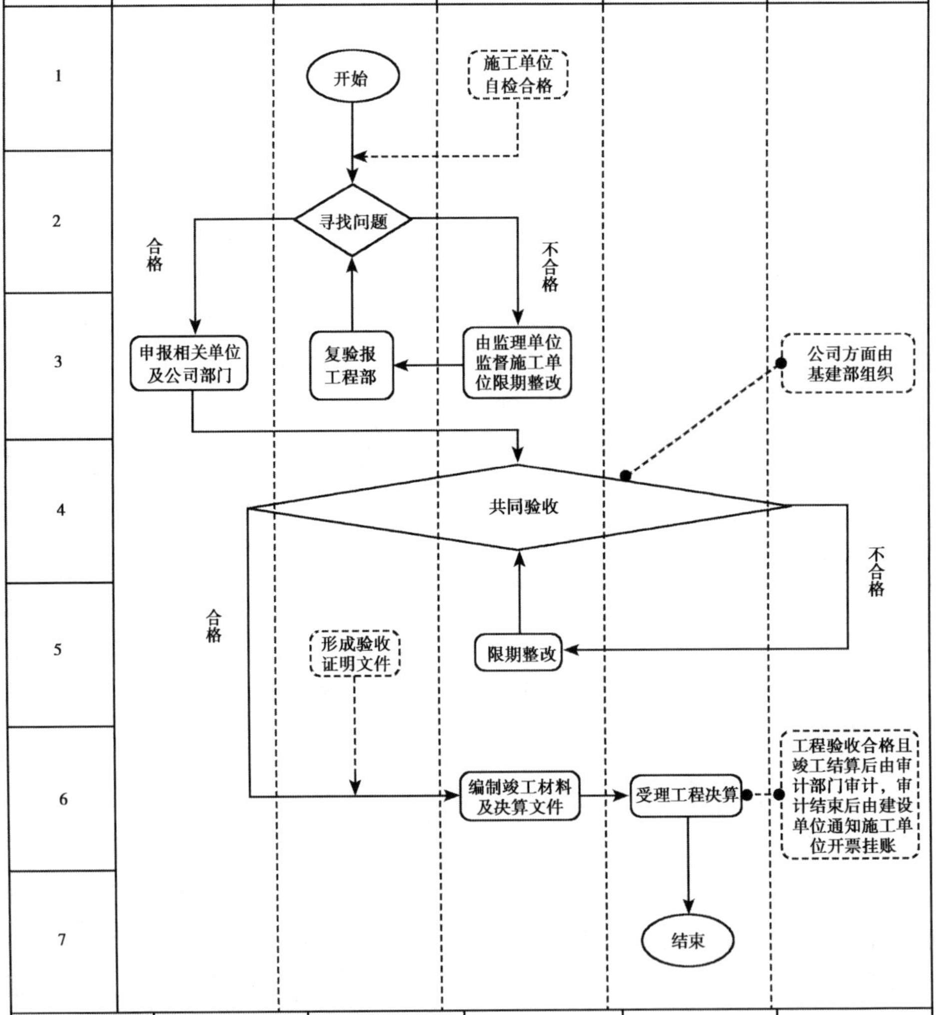

1
2
3
4
5
6
7
开始
施工单位自检合格
寻找问题
合格
不合格
申报相关单位及公司部门
复验报工程部
由监理单位监督施工单位限期整改
公司方面由基建部组织
共同验收
合格
不合格
形成验收证明文件
限期整改
编制竣工材料及决算文件
受理工程决算
工程验收合格且竣工结算后由审计部门审计，审计结束后由建设单位通知施工单位开票挂账
结束

编修单位/人	基本建设部	签发人		签发日期	

建设项目竣工验收业务流程（1）

流程名称		建设项目竣工验收业务流程（1）			概要	建设项目竣工预验收、初步验收、正式验收三个阶段的管理工作	
流程阶段	单位	公司职能部门	公司相关领导	陕北矿业公司	陕煤化集团公司	国家相关部门	国家发改委
	节点	A	B	C	D	E	F

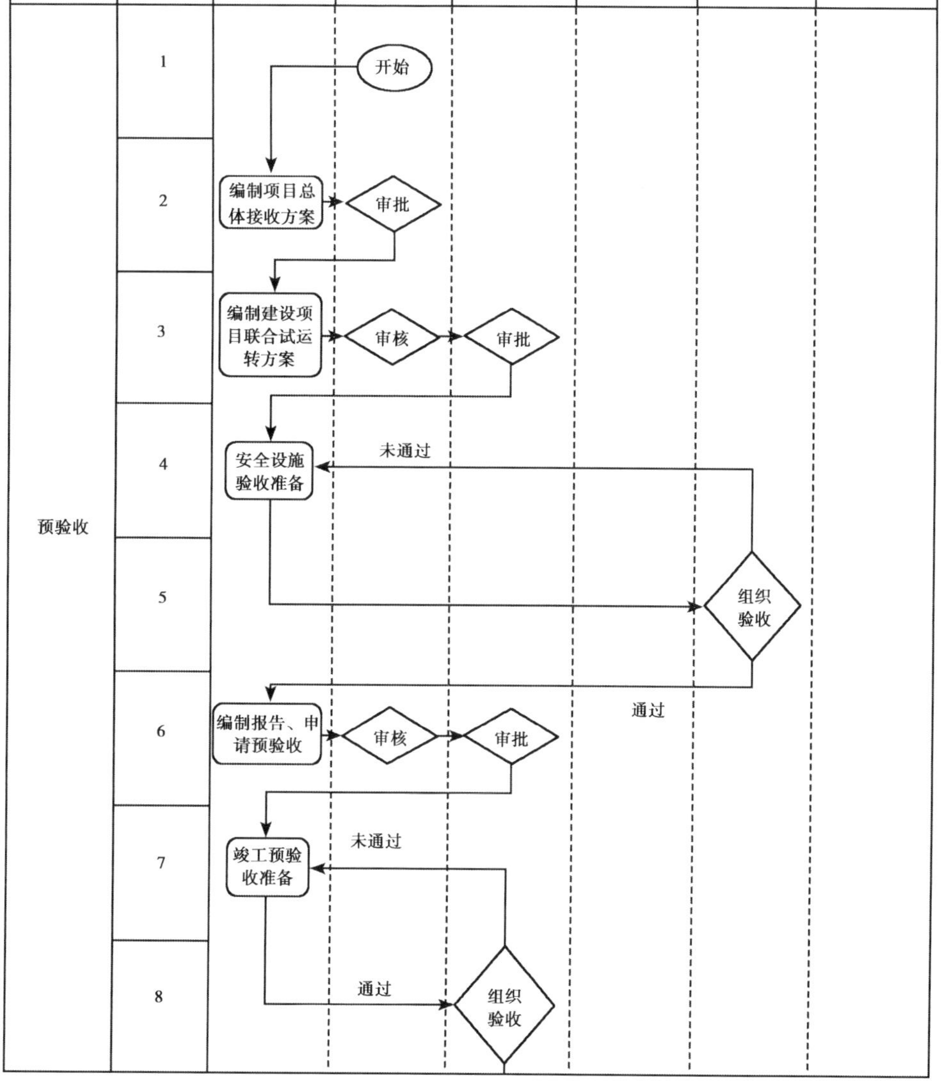
预验收
1
2
3
4
5
6
7
8
开始
编制项目总体接收方案
审批
编制建设项目联合试运转方案
审核
审批
安全设施验收准备
未通过
组织验收
通过
编制报告、申请预验收
审核
审批
竣工预验收准备
未通过
通过
组织验收

建设项目竣工验收业务流程（2）

流程名称	建设项目竣工验收业务流程（2）			概要	建设项目竣工预验收、初步验收、正式验收三个阶段的管理工作	
流程阶段 单位	公司职能部门	公司相关领导	陕北矿业公司	陕煤化集团公司	国家相关部门	国家发改委
节点	A	B	C	D	E	F

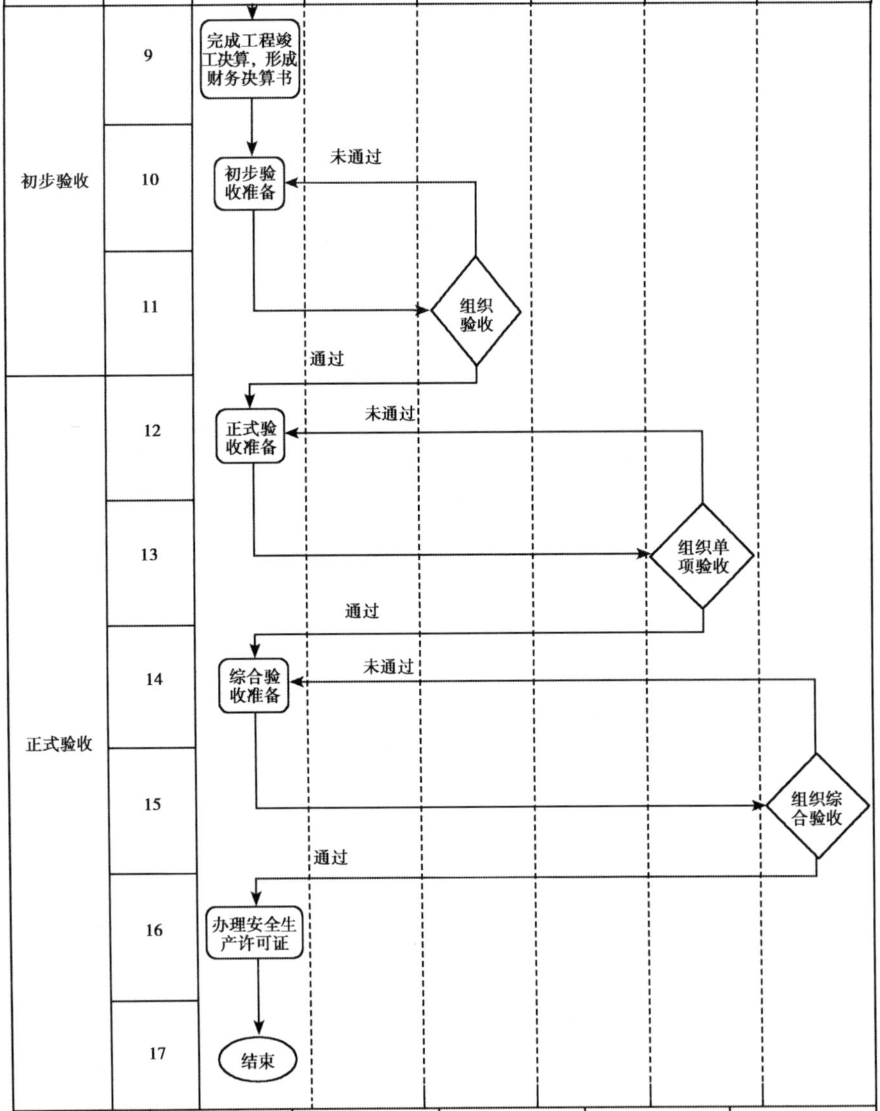
初步验收
9
10
11
正式验收
12
13
14
15
16
17
完成工程竣工决算，形成财务决算书
初步验收准备
未通过
组织验收
通过
正式验收准备
未通过
组织单项验收
通过
综合验收准备
未通过
组织综合验收
通过
办理安全生产许可证
结束

编修单位/人	基本建设部	签发人		签发日期	

4.2.3 档案管理精细

煤矿在筹备、建设和生产过程中会产生很多重要的技术性资料，这些资料在日后的生产和检修过程中起着很重要的作用，是扩建过程中重要的信息资料来源，能节约不少费用和时间，同时又能提高工作效率，加快扩建进度。

煤炭基本建设工程技术档案具有时间价值，按照规定的归档制度保存起来，作为真实的历史记录的技术文件资料，它是企业在工程建设中自然形成的技术文件转化而来的，是工程施工的直接结果，对施工起到指导和依据作用。煤矿工程技术档案的内容主要包括：煤矿项目建设的法规性文件，煤矿项目建设的各种许可文件和资质文件，地质勘探文件，立项与核准文件，建设用地文件，矿井设计文件，招标投标文件及承发包合同协议，项目开工备案及计划、投资等有关管理文件，矿建施工文件，煤矿设备、电气、仪表及管线安装施工文件，监理文件，设备、电气、仪表及材料必备文件，科研项目，涉外文件，试生产技术设备、试生产文件，财务管理文件，专项验收文件，竣工验收文件，等等。

以前，陕北矿业基本建设档案管理主要存在以下问题：一是各项档案制度尚不完备，缺乏档案管理经验和收集整理意识，导致档案收集整理混乱，难免会有遗漏；二是档案收集管理工作相对于煤矿项目建设比较滞后，导致资料收集整理时没有监理单位和施工单位的把关，使收集到的一些图纸和资料不够全面和准确；三是项目档案收集不完整、不规范，项目档案缺项、缺材料。

因此，陕北矿业在煤矿建设过程中，力求档案精细化管理。一是组织专人收集相关工程造价的市场信息，利于验证预算的合理性；二是遵守《煤矿建设项目档案管理规范》，陕北矿业对建设工程的勘探、设计、预算、开工报告、结算、施工等资料进行了分类、细化、收集，切实加强了工程档案的管理，确保工程档案完整、准确。

第5章 “五拳”合力

管理方式变革，不能面面俱到和浅尝辄止，要牵住“牛鼻子”，要在关键环节重拳出击和大力发扬“工匠精神”，专注再专注。对于陕北矿业而言，关键环节就是那些影响煤炭基本建设项目目标实现的主要内容。只有在关键环节发力，才能产生示范作用，才能做到纲举目张，才能确保项目质量和效益。陕北矿业结合自身基本建设管理实际，确立了“造价、进度、安全、质量和结算”这五个抓手，紧紧围绕降本增效目标，破除旧观念和旧思维，大胆进行管理方式方法创新，埋头进行制度建设，补漏洞、建流程、定标准。陕北矿业紧紧握住“造价、进度、安全、质量和结算”，不断地进行管理方式变革，形成“合力”，显著提升了企业基本建设管理水平。

5.1 工程造价——“两优两控”

工程造价是指进行某项工程建设所花费的全部费用。煤炭基本建设项目造价管理在整个建设项目管理中有着非常重要的作用，不仅影响着项目投资成本，更决定着项目建成后的运营成本。过去，造价管理一直是陕北矿业基本建设管理的最薄弱环节，存在诸如“轻设计、超预算、低标准、多变更”等突出问题。

陕北矿业通过“两优两控”——优化设计、优化招投标、控制预算标准、控制工程变更，有效地控制了整个工程预算，既提高了工程项目质量又节省了资金投入。

5.1.1 优化设计

在煤炭基本建设投资当中，设计费用对整个工程的影响是最大的，特别是煤炭企业的地下工程设计，更是直接决定工程投资的成败。在单项工程设计中，建筑和结构方案选择及建筑材料选用又是重中之重。研究表明，在满足同样功能的条件下，合理的技术经济设计，可降低工程造价5% ~10%，甚至可达10% ~20%。

设计不仅影响项目建设的初始投资，而且还影响使用阶段的运营费用，如暖通、照明的能源消耗、清洁、保养、维修费等都和项目设计密切相关，初始投资与经常性费用具有一定的反比关系，通过优化设计可努力寻求这两者的最佳结合点，使项目建设的全寿命费用达到最低。

陕北矿业过去在项目造价管理方面，比较被动和懒惰，认为图纸是设计单位设计的，标底预算是造价公司编制的，招投标工作也是陕煤化集团招标公司代理的，这些都是具有资质的权威单位，没有理由去怀疑。因此，陕北矿业“不好意思”去过问。另外，由于业务能力比较落后，自然也不敢轻易去质疑人家。这样一来，陕北矿业把重点只放在了施工管理上，造成了轻设计的现象。

造成陕北矿业“轻设计”的原因主要有以下四点，见图5－1。

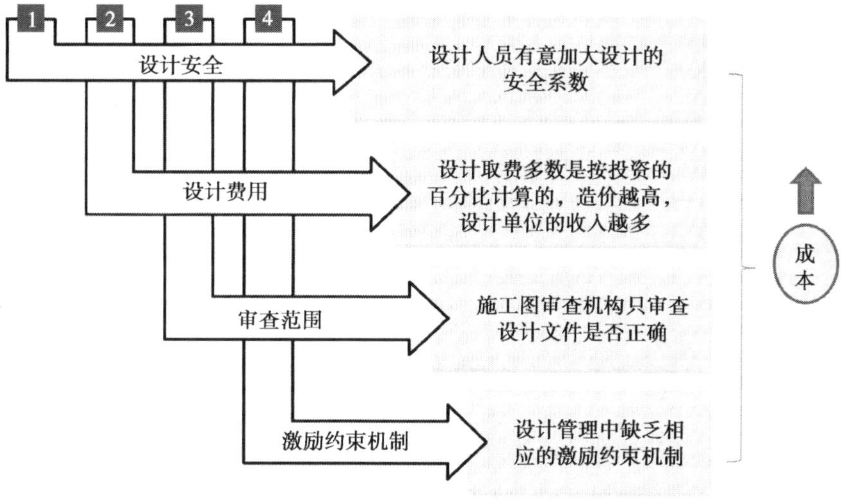
1
2
3
4
设计安全
设计人员有意加大设计的安全系数
设计费用
设计取费多数是按投资的百分比计算的，造价越高，设计单位的收入越多
审查范围
施工图审查机构只审查设计文件是否正确
激励约束机制
设计管理中缺乏相应的激励约束机制
成本

图5－1　陕北矿业设计管理上存在的问题

第一，设计责任终身制使得一些设计人员为了避免因为设计产品出现重大质量问题而承担设计责任，有意加大设计的安全系数，从而人为地增大了工程项目的投资。

第二，设计方案优化过程需要设计人员经过反复分析、讨论和比较，由此产生的成本通常得不到补偿。还有，设计收费多数是按投资的百分比计算的，使得造价越高，设计单位的收入越多，设计人员的提成也越多。这些就在客观上影响了设计单位进行方案评审及优化的积极性。

第三，现在的施工图审查机构只审查设计文件是否正确，并不审查设计是否最佳最优，因此也达不到优化设计的目的。

第四，陕北矿业在过去的设计管理中缺乏相应的激励约束机制，相关技术管理人员不敢问、不想问现象严重。不敢问，源于自身掌握的相关专业知识少，底气不足；不想问，源于责任意识淡薄，存在“多一事不如少一事”的心理。

不能否认，陕北矿业技术人员的专业知识不够全面，但也不能过分地迷信设计单位，完全依靠设计人员保证设计方案的适用、安全、经济。因此，陕北矿业采取了“三再造”来优化设计，即再造激励约束机制、再造项目设计理念、再造项目设计优化方法，见图5－2。

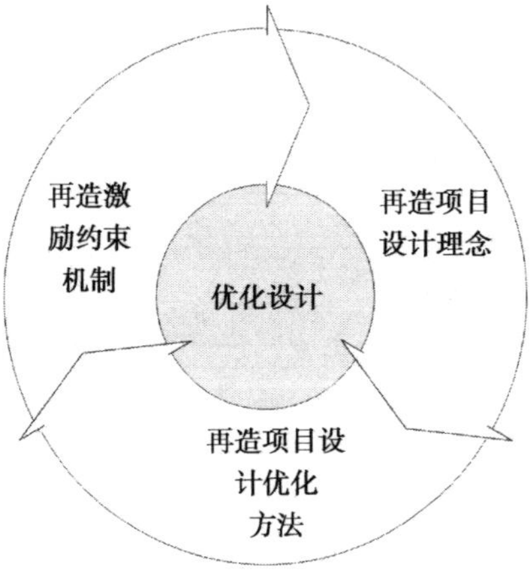
再造激
励约束
机制
再造项目
设计理念
优化设计
再造项目设
计优化
方法

图5－2　陕北矿业设计优化

在激励约束机制上，陕北矿业改变了过去设计上“无人管、不敢管”的现象，2013年颁布的《工程预结算及变更审核管理办法》规定了“施工图纸中涉及安全和质量的技术参数，由总工程师组织规划、安全、生产技术部门进行研究并报请‘公司党政联席会议’通过后方可执行。”这一变化，体现了三点：一是在角色定位上实现了转变，变“设计单位的事”为“陕北矿业的事”，见图5－3；二是将设计优化工作纳入到了总工程师和相关职能部门的职责，并纳入到绩效考核当中；三是明确将设计优化的最高决策机构规定为“公司党政联席会议”。

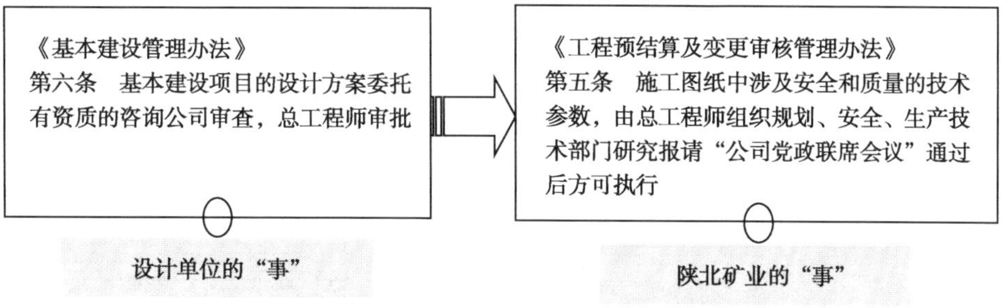
《基本建设管理办法》
第六条 基本建设项目的设计方案委托有资质的咨询公司审查，总工程师审批
《工程预结算及变更审核管理办法》
第五条 施工图纸中涉及安全和质量的技术参数，由总工程师组织规划、安全、生产技术部门研究报请“公司党政联席会议”通过后方可执行
设计单位的“事”
陕北矿业的“事”

图5－3 陕北矿业设计优化机制再造

在项目设计理念上，陕北矿业向设计单位明确提出“限额设计”，即在严格执行设计规范的前提下研究如何进行“限额设计”，避免因设计上过分保守造成的投资浪费。所谓限额设计，就是按照批准的可行性研究报告或项目实施方案所确定的建设规模、建设内容和投资估算总额控制初步设计，按照批准的初步设计总概算控制技术设计和施工图设计，同时各专业在保证达到使用功能的前提下，按分配的投资限额控制设计，使得总投资额不被突破。

例如，在韩家湾煤矿洗煤厂建设中，探索完善了EPC总承包的管理模式，在保证技术标准及使用要求的前提下，大力推行“限额设计”，在不降低使用效能的前提下，将洗煤厂建设项目投资严格控制在限定的额度内，改变了以往“先出图纸再算价”的传统方式，将其变为“以价定量”，见图5－4。

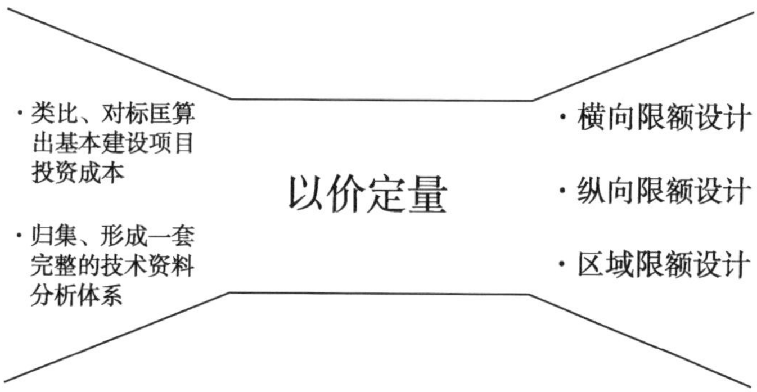
·类比、对标匡算出基本建设项目投资成本
·归集、形成一套完整的技术资料分析体系
以价定量
·横向限额设计
·纵向限额设计
·区域限额设计

图5－4 陕北矿业设计优化“限额设计”

首先，在投资成本匡算上，根据榆林市、鄂尔多斯市等地同类地质条件和规模的建设项目，类比出大致的项目投资成本。其次，采集归纳各类工程技术资料，形成一套完整的技术资料分析体系，建立数据档案，把各种参数、经济指标系统化，将各个项目的结构形式、材料设备、工艺技术等具体化，用切实可行的经济指标来指导限额设计，把先进的技术、工艺融入限额设计中。

横向限额设计是指在项目建设过程中，建立和加强设计单位及其内部的管理制度和经济责任制。保证限额设计贯穿到各个设计阶段，而在每一阶段中又必须贯穿到各个专业的各个工序，使各个环节相互连接成有机的整体。上一阶段的设计文件和图纸，依次作为下一阶段设计的依据和基础。

区域限额设计，就是坚持设计严格执行国家、行业及企业制定的各项造价政策，关键设备、工艺流程、总图方案、主要建筑和各种成本指标应以区域先进企业为目标。限额设计的推行提高了陕北矿业投资控制的主动性，但其并不是一味地节约投资，而是实事求是，精心测算，在保证质量和满足业主要求的前提下，达到了节约资金、控制成本的目的。

在设计优化方法再造上，推行价值工程法，即在方案设计优化阶段，重在投资限额的条件下，陕北矿业根据价值工程原理选择最优方案，确定建设项目投资限额，达到项目价值最大化的目的。建设项目价值工程（Value Engineering，VE），也称价值分析（Value Analysis，VA），是指以项目功能分析为核心，以提高项目价值为目的，力求以最低全生命周期成本实现项目所要求的必要功能的一项有组织的创造性活动。

例如，在乾元能源化工公司二期场平项目实施中，作为业主，陕北矿业在方案设计、标底审查到招投标等方面都做了大胆尝试。场平方案设计时，设计单位最早提供的方案是一个平面。挖土量为344万m^3，而且外购土量为201万m^3。看到这个方案，陕北矿业感到很吃惊。那里地形起伏较大，周边高，中间低，相对高差28米。首先，外购201万m^3土，无法落实。其次，这么大的工程量，购土、挖运、摊铺、碾压，总价不会少于6000万元。陕北矿业当即否决了这个方案，要求设计人员重新优化设计，力争挖填土量趋于平衡，缩短工期，降低投资。设计院按陕北矿业的要求做了调整，挖土量为218.8万m^3，缺土量76.3万m^3。但是，仍不理想。最后，建议设计人员打破原来的思维模式，根据生产工艺，布置两个平面，适当调整坡度。经过多次沟通，最后挖土量为179.26万m^3，缺土量20万m^3。工程量减少了一半，既满足工艺要求，又减少了投资。

又如，2013年7月沙梁矿井筒招标前，基本建设部和涌鑫矿业公司通过图纸会审发现，设计院在设计辅运巷道底板时采用 C40 混凝土铺底，存在提高设计造价的现象，通过论证改为 C30 混凝土铺底，降低了造价，维护了企业利益。

通过优化设计，陕北矿业改变以往做法，在方案审定上下工夫，既要依靠设计人员，又不能盲目迷信他们。尽管陕北矿业基本建设管理人员自身的理论水平和专业知识比不上设计人员，但必须把方案搞清楚和问明白，把陕北矿业的疑惑和意图在实施前表达清楚。另外，严格进行设计审查的管理，明确各阶段设计审查的职责和权限。认真做好设计审查的技术准备，严格筛选和确定专家委员会的组成。在审查过程中，对重大技术问题，设计单位要进行详细的技术交底，专家要进行充分的分析论证。专家组的审查意见要进行认真的汇总整理，作为设计院完善设计的依据。力求将设计中存在的问题在审查阶段予以解决，保证设计方案最优，为实现项目建设投资最省和投资效益最好奠定相应的基础。

5.1.2 优化招投标

招投标制度自《招标投标法》诞生以来实施已有十余年，有力地促进了我国各个行业和各个领域的发展。施行招标投标制度，煤炭基本建设项目的建设方能够选择最为合适的参建单位来参与工程项目的实施，对维护建设单位利益有非常大的帮助。

过去，陕北矿业招标、比价管理存在的主要问题是：比价项目公司和二级单位管理权限界定不清；招标、比价《技术规范书》没有按审批权限签字，出现问题后无法落实责任；招标、比价《技术规范书》的内容没有统一格式要求，随意性较大；各二级单位未设专人负责本单位招标、比价业务，公司和各二级单位无法对口衔接，造成业务流程不畅；技术方案审批、施工图会审及采购、大修设备的技术参数审定，未按规定的管理权限履行审批签字手续或形成会议纪要，造成招标、比价时技术上出现漏洞、盲点较多；未按管理权限明确招标、比价和委托招标的审批权限，造成责权不清晰。

在招投标优化上，陕北矿业首先坚持“公开、公平、公正”的原则，从严执行招投标法律、法规及规定，严格履行招投标程序，加强招标方案的编制及审定、招标代理机构的选择、招标文件的编制及审查、施工单位的资格审查、招标答疑、评标委员会的组成、开标和评标结果的审定及中标通知书签发等各环节的管理，加强招标过程的监督控制。

针对上述问题，陕北矿业实现了“七个优化”，见图5－5。

1 优化组织机构设置
2 优化招标领导小组办公室的职责
3 优化招标范围与权限
4 优化招标项目审批程序
5 优化技术规范书内容
6 优化招标程序
7 优化招投标费用管理

图5－5 陕北矿业招投标管理优化

一是优化了招投标组织机构设置。将原属于企业管理部的“招标领导小组办公室”调整为归属公司成立的招标领导小组，提升了招投标工作的独立性。

二是优化了招标领导小组办公室的职责，见表5－1。

表5－1 陕北矿业招投标组织管理优化

原《招投标管理办法》		新《招投标管理办法》
第六条　公司成立招标领导小组 组　长：董事长 总经理 副组长：主管企管工作的副总经理 成员：公司经营集团其他成员及企业管理部、规划发展部、基建管理部、机电物资部、生产技术部、安全监督部、财务资产部、监察审计室部门负责人		第三条　公司成立招标、比价领导小组 组　长：董事长 总经理 成　员：公司经营集团成员、各部门负责人、各二级单位的行政主要负责人
招标领导小组主要职责： （一）贯彻执行国家有关招标的法律、法规和政策，指导、协调和监督公司的招标工作； （二）制定公司的招标工作管理原则、制度和规定等； （三）处理招标工作中的重大事项，对招标工作中的违规、违纪行为进行查处； （四）审查评标委员会推荐的中标候选人，确定中标人	优化后	招标、比价领导小组的主要职责： （一）贯彻执行国家有关法律、法规和政策，领导和协调公司招标、比价工作（含竞争性谈判和单一性商务谈判，下同）； （二）制定公司招标、比价工作管理的原则和制度办法； （三）决定公司招标、比价工作中的重大事项，对招标、比价工作中的违规、违纪行为进行查处； （四）审查评标委员会推荐的中标候选人，确定中标人
第七条　招标领导小组办公室设在企业管理部，负责招标日常工作。办公室主任由企管部经理兼任		第四条　公司招标、比价领导小组下设办公室，负责开展日常业务 第五条　各二级单位须相应成立招标、比价管理机构，并设专人负责本单位的招标、比价业务

新《招投标管理办法》第四条规定为：

第四条 公司招标比价领导小组下设办公室，负责开展日常业务，其主要职责是：

（一）贯彻公司招投标管理和比价工作管理办法；

（二）按照集团公司有关规定办理招标项目报批手续、委托专业机构进行公开招标；

（三）按照公司规定组织公司自主招标和比价；

（四）根据需要组建考察小组，对投标单位进行实地考察；

（五）投标人需要踏勘现场和项目的招标答疑，在开标或开始比价前组织潜在投标人进行现场踏勘和招标答疑；

（六）协调处理招标、比价过程中出现的各种问题，向公司招标、比价领导小组请示报告重大事项；

（七）对招标、比价过程中的所有文件、记录等资料进行收集、整理、归档；

（八）建立和完善招投标、比价信息数据库；

（九）建立评标专家库，并通过日常业绩考核和年度资格审查实行动态管理。

优化的地方主要体现以下两个方面，见图5－6。

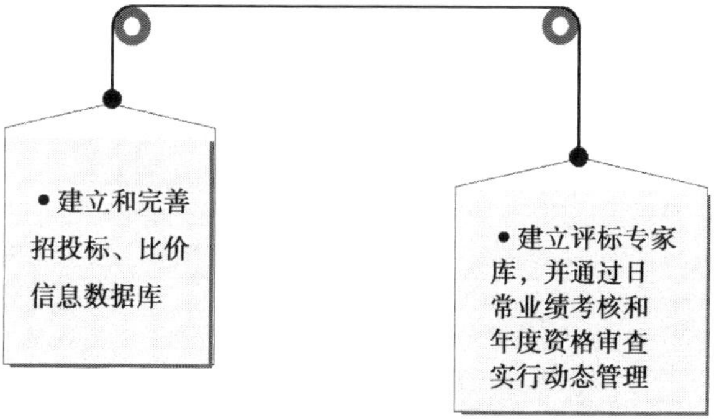
• 建立和完善招投标、比价信息数据库
• 建立评标专家库，并通过日常业绩考核和年度资格审查实行动态管理

图5－6 陕北矿业招标领导小组办公室职责

三是优化了招标范围与权限。结合公司实际，根据单项合同估算价金额，对公司和二级单位自主招标、比价的管理权限做了清晰的界定：建设工

程项目达到200万元、物资采购项目达到100万元、服务项目达到50万元，由公司委托集团公司指定的代理机构组织招标；建设工程项目达到50万元、物资采购项目达到30万元、服务项目达到20万元，由公司通过招标选择施工、供货、服务单位；建设工程及非生产物资采购不满20万元、服务项目不满10万元各二级单位可以自行比价，具体见表5－2。

表5－2　陕北矿业招投标范围与权限优化

原《招投标管理办法》		新《招投标管理办法》
第九条　建设工程招标范围：包括新建、改扩建、大修与技改等项目的建筑、装饰装修、设备安装与维修和其他各类土木工程以及附带服务，单项合同估算价在50万元以上的，都要通过招投标确定施工队伍 第十条　设备、材料采购招标范围：包括设备、材料及大件运输等附带服务，单项合同估算价在30万元以上的，都要通过招投标进行采购 第十一条　服务项目招标范围：包括建设项目规划、勘察、设计、监理、检测、调试、概预算编审、咨询、评估等各类服务项目，单项合同估算价在20万元以上的，都要通过招投标选择服务对象 第十二条　公司控股公司、具有实际控制力的参股公司建设工程单项合同估算价在200万元以下、100万元以上，设备与材料采购单项合同估算价在100万元以下、50万元以上，服务项目单项合同估算价在50万元以下、30万元以上，由公司招标办公室组织招标或委托代理机构组织招标	优化后	第六条　建设工程招标范围：建设工程指矿建、土建、安装三类工程，包括新建、改扩建与技改、大修、装饰装修、设备安装与维修及其附带服务等。建设工程单项合同估算价达到50万元，通过招标选择施工队伍 第七条　物资采购招标范围：设备、材料、配件采购（含相应的运输、服务等）单项合同估算价达到30万元，通过招标选择供货单位。公司每年组织1～2次生产物资集中招标 第八条　服务项目招标范围：服务项目包括建设项目规划、勘察、设计、监理、概预算编审，设施设备检测、调试以及咨询、评估，等等。服务项目单项合同估算价达到20万元，通过招标选择服务单位 第九条　按照单项合同估算价，建设工程项目达到200万元、物资采购项目达到100万元、服务项目达到50万元，由公司委托集团公司指定的代理机构组织招标。未达到以上限额的招标项目，由公司自行组织招标

进一步明确了通过竞争性谈判、商务谈判等适当方式确定施工、供货或服务单位的范围。新《招投标管理办法》第十条规定为：

第十条　有下列情形之一的，由项目单位或公司招标、比价办公室写出专题报告，经公司招标、比价领导小组批准，可通过竞争性谈判、商务谈判等适当方式确定施工、供货或服务单位：

（一）抢险救灾、因客观情况变化或突发事件急需采购的；

（二）技术复杂、技术规格事先难以确定或有其他特殊技术要求的；

（三）招标失败或只有1～2家潜在投标人无法组织招标的。

陕北矿业比价工作主要包括含竞争性谈判和商务谈判，公司及所属二级单位的建设工程、物资采购、服务及其他项目，估算资金未达到招标要求的（见表 5－3），应当按规定进行比价。

表 5－3 公司和二级单位比价的权限

项目类别	公司比价	二级单位比价
矿建、土建、安装工程	20 万元≤单项合同估算价＜50 万元	单项合同估算价＜20 万元
生产物资采购	单项合同估算价＜30 万元	
非生产物资采购	20 万元≤单项合同估算价＜30 万元	单项合同估算价＜20 万元
服务	10 万元≤单项合同估算价＜20 万元	单项合同估算价＜10 万元

四是优化了招标项目审批程序，见图 5－7。采购项目招标申请表中物资规格型号、在用设备的生产厂家及质量要求、常用消耗材料的品牌等要经过机电物资部审核，具体执行公司《技术管理办法》的规定。如有必要，还应进一步说明质量标准或制造标准、技术参数、特殊证件、设备配套、配件的图纸图号等相关信息等并按规定审核。采购大型设备，不得以指定核心部件品牌、特定的规格型号等手段排斥潜在投标人。

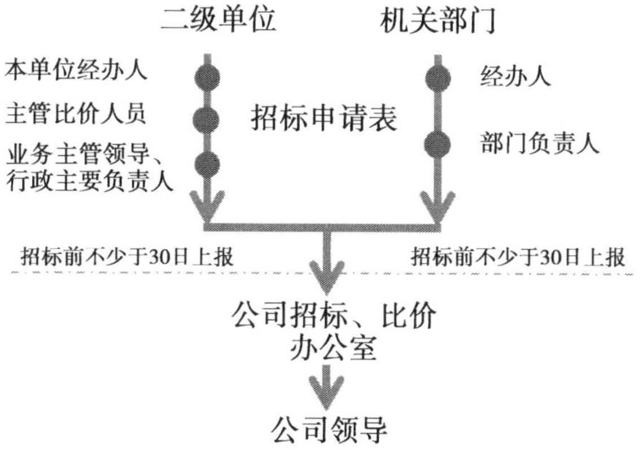
二级单位
机关部门
本单位经办人
主管比价人员
业务主管领导、
行政主要负责人
招标申请表
经办人
部门负责人
招标前不少于30日上报
招标前不少于30日上报
公司招标、比价
办公室
公司领导

图 5－7 陕北矿业招标项目审批程序

五是优化了技术规范书内容。原《招投标管理办法》只规定了“物资设备技术规范书应包括主要技术规格参数，质量标准或制造标准，配套辅机详细的交货范围和交货期等内容。矿建、土建、安装工程招标技术规范书应包括施工方案、施工图及施工图预算、工程质量要求、工期等。”新《招投标管理办法》分矿建、土建、安装项目和设备大修项目详细规定了《技术规范书》的内容。

新《招投标管理办法》规定为：

第十四条 矿建、土建、安装工程项目《技术规范书》的内容：

（一）编制说明：包括标段划分、施工环境、水电情况以及是否有甲方供应设备、材料等。

（二）计价依据：包括工程造价、人工单价、设备、材料价格计价依据（含批准文件名称及文件号）。

（三）技术方案和施工图。

（四）是否提取预留金以及提取的比例或金额。

（五）工程质量标准，包括标准名称、编号和颁布时间。

（六）安全、质量、工期要求与管理措施等。

（七）价差的调整条件。

以工程量清单计价的应附工程量清单。投资构成复杂的综合项目，还必须有批准的设计文件。

第十五条 设备大修项目《技术规范书》的内容：

（一）设备概况：包括设备名称、规格型号、技术参数、生产厂家、出厂日期、设备负载工作时间、工作量、售后服务过程中维修的次数及维修中存在的问题、设备目前存在的主要问题等。

（二）必修项目：即设备大修时必须维修或更换的项目。

（三）或修项目：即在设备解体后由公司设备大修鉴定小组和大修单位专业人员共同鉴定才能确定是否需要维修的项目。

（四）质量要求或标准：设备维修后应达到的性能指标和设备验收依据的国家或行业相关标准，包括标准名称、编号及颁布时间。

（五）对大修单位的资质要求、工期、历史价格或参考价格等。

对招标、比价前的《技术规范书》和技术方案进行审批、施工图会审及采购、大修设备的技术参数审定，按照《技术管理办法》规定的管理权限履行的审批签字手续或形成会议纪要，实行以分管领导为主的审核制度。

六是优化了招标程序。未按公司规定的管理权限履行的审批签字手续或形成的会议纪要，不得进行招标、比价。矿建、土建、安装三类工程招标、比价前由公司基本建设部设置标底价或拦标价，没有设置标底价或拦标价不得进行招标、比价。评标办法应根据项目的技术含量合理选择技术分和商务价格分比重。技术含量高的项目技术分应占到50% ~60%；技术含量低的项目商务价格分应占到50% ~60%。标书形成前要征得业务技术部门及纪检部门的同意，否则不允许发放标书。

例如，在乾元能源化工公司二期场平项目实施中，在审核标底预算时，陕北矿业发现按正常预算，每方价格达18.78元，场平造价为3367.2万元。预算本身确实没有问题。陕北矿业通过对市场实际价格调查，感觉标底预算偏高。利润空间太大。近180万m^3土，单价差一元，就要相差180万元。经过研究，陕北矿业大胆地对标底进行了调整，把单价减少6.58元，总价减少1162.89万元。为了进一步有效控制价格，陕北矿业把标底价改为拦标价，报价不得超过拦标价，否则视为废标。在审核招标文件时，陕北矿业认为这个工程只有挖运、摊铺、碾压三道工序，技术含量小，前期投入少，管理方便，也没有太大的安全压力，选择施工单位可以侧重于价格。因此陕北矿业对招标文件进行了修改。通常招标，商务标占40~50分，这个工程，陕北矿业将商务标调为60分，技术标调为40分，以平均报价为基准，每超平均价一个百分点扣一分。这样从评标规则中堵塞了哄抬价格，高价中标的漏洞。开标后，陕北矿业发现没有一个废标，中标价比陕北矿业设定的拦标价还少224万元。

七是优化了招投标费用管理。将原《招投标管理办法》的“费用管理”进行了简化。

新《招投标管理办法》规定为：

第三十三条　招标费用来自投标人购买标书的费用和中标单位缴纳的中标服务费。中标服务费的收取标准不得高于《招标代理服务收费管理暂行办法》(计价格〔2002〕1980号) 的收费标准。

第三十四条　公司自行组织招标的招标费用由公司财务资产部收取并设专户管理。公司招标发生的标书制作费、资料费、会务费、差旅费、就餐费、评标费等相关费用从招标费用中列支。

招标费用管理遵循收支两条线、专款专用的原则，当年节余的，结转下年度使用。

5.1.3 控制预算标准

基本建设预算是指预先计算拟建工程从筹建到竣工验收所需全部建设费用的经济技术文件。在采用两阶段设计的情况下，扩大初步设计阶段要编制较为粗略的总概算，施工图设计阶段要编制较为详细的施工图预算。

陕北矿业规定公司规划发展部是公司工程预算审批部门，其主要职责为：一是根据国家工程造价管理的法律、法规，结合公司实际选定预算定额和取费标准；二是对建筑市场预算定额及建筑工程材料状况进行调研，确定主材价格和调差的范围及标准；三是监督、检查工程预结算的执行情况。详情见图 5 – 8。

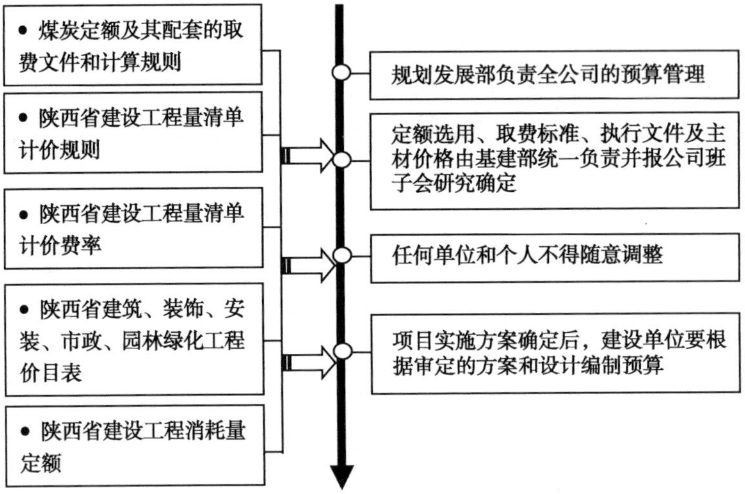
• 煤炭定额及其配套的取费文件和计算规则
• 陕西省建设工程量清单计价规则
• 陕西省建设工程量清单计价费率
• 陕西省建筑、装饰、安装、市政、园林绿化工程价目表
• 陕西省建设工程消耗量定额
规划发展部负责全公司的预算管理
定额选用、取费标准、执行文件及主材价格由基建部统一负责并报公司班子会研究确定
任何单位和个人不得随意调整
项目实施方案确定后，建设单位要根据审定的方案和设计编制预算

图 5 – 8　陕北矿业费用预算管理

建设单位没有能力编审的预算由公司基建部统一委托造价事务所编审，并负责费用结算，建设单位不得自行委托。新开大型基建项目，预算编审费由建设单位支付，其余专项及自筹资金项目的工程预算编审费由公司统一支付。造价在 10 万元以下的预算，由建设单位审批；10 万元以上 20 万元以下的工程由公司规划部确认；20 万元以上 100 万元以下的工程预算由规划

发展部审核，分管领导审批；100万元以上的工程分管领导审批，“党政联席会议”通过后，方可确定拦标价进行比价、招标，签订合同。

同时，强化了外委造价公司管理规定。首先，公司外委造价公司需在集团公司入围的造价公司内进行招标选定，二级公司不单独委托造价公司，预结算由公司规划发展部委托。其次，外委造价公司调整差价时必须经规划发展部同意后执行。最后，对外委造价公司执行不力，随意提高取费标准和扩大定额范围，责令其整改或中止外委合同，由此造成的损失由外委造价公司承担。

5.1.4 控制工程变更

一是杜绝“三无”工程。规定各单位要严格遵守集团公司和陕北矿业的基本建设管理程序，严禁无计划、无资金、无合同工程开工。否则，财务部不予安排资金计划，陕北矿业并对建设单位的责任人进行问责。

二是规范工程变更和签证。各类工程变更是指工程实施过程中由于工程自身性质特点、设计图纸的深度不够、不可预见的自然因素与环境情况的变化，对合同中部分工程项目的施工工艺、工程数量、工程质量要求及标准等方面的变更。签证是指施工图中未明确尺寸或注明工程量，由现场据实核定的部分及工程施工过程发生的施工图以外且合同价中未包含的零星用工、机械台班等。变更可以由建设单位、设计单位、监理单位或施工单位提出。所有变更必须经建设单位、监理单位和设计单位同意后方可实施。主要包括以下四类，见表5-4。

表5-4 工程变更和签证

类别	公司比价
建设单位变更	建设单位根据现场实际情况，为提高质量标准、改进使用功能、加快进度、节约造价等因素综合考虑而提出的工程变更
设计单位变更	指设计单位在工程实施中发现工程设计中存在的设计缺陷或需要进行优化设计而提出的工程变更
监理单位变更	监理工程师根据现场实际情况提出的工程变更和工程项目变更、新增工程变更等
施工单位变更	指施工单位在施工过程中发现的设计与施工现场的地形、地貌、地质构造等情况不一致而提出的工程变更

三是明确规范工程变更和签证的原则，见表5－5。

表5－5　陕北矿业工程变更和签证原则

工程变更原则	工程变更、签证单价的确定原则和审批权限
· 设计一经批准，不得任意变更。只有当工程变更按本办法批准后，才可组织施工	· 合同中有适用于变更工程的价格，执行合同单价
· 工程变更各有关单位应对变更工作高度负责和严格把关，审批人员须对变更事项的真实性、准确性、必要性负责	· 合同中有类似于变更工程的价格，可以参照此价格确定变更价格
· 工程变更的图纸设计要求和深度等同原设计文件	· 合同中没有适用或类似于变更工程的价格，遵照本工程招投标时确定的费率、价格，由承包方编制变更预算，报监理审核、建设单位审批
· 符合下列条件之一的，可以考虑工程变更。 (1) 因自然条件包括水文、地形、地质情况与设计文件出入较大的；因施工条件所限，材料规格、品种、质量难以达到设计要求的； (2) 不降低原设计技术标准，而能节省原材料，并便利施工，缩短工期和节省投资的； (3) 能提高技术标准，便于采用新材料、新工艺、新技术，提高工程使用年限或者提高服务等级，而不增加投资或者增加较小数量投资的； (4) 环保、文物以及地方工作等方面不可预见的因素，需要变更设计的； (5) 上级行政主管部门和建设单位对工程提出新的要求	· 单项工程变更、签证，总价小于3000元，只确认事实，造价不做调整；单项变更或签证在5万元以内，由建设单位审批，报公司规划发展部备案，建设单位采用施工员—工程科长—基建副总或总工程师三级审批；单项变更或签证超过5万元的，建设单位审批后，需报公司规划发展部审批；超过10万元的变更需公司主管基建的领导审批；20万元以上的变更需经公司班子会议研究

四是明确工程变更、签证审批程序。所有工程变更项目都要执行工程变更签证项目审批和工程变更预算审批制度，两种申请均采用书面审批，进行统一编号管理。工程变更方根据变更原因、设计图纸和实际施工情况，如实测算工程量和变更预算，填写工程变更签证项目审批表。变更签证项目批准后，方可实施，并进行变更签证预算编制报批。变更签证预算由监理审核、建设单位审批、公司规划发展部审定。当月变更、签证当月审批，变更预算在变更实施后一个月内审批，超期不予认可。监理、设计、施工单位未经建设单位审批，擅自决定工程变更的，变更单位和个人应承担由此造成的一切费用和损失，情节特别严重的，建设单位可诉诸法律。工程变更的实施过程中，建设、监理、设计、施工由哪一方原因造成变更失败和损失，由该方承担一切责任。工程变更、签证审批程序要遵守以下的程序和要求。

特殊情况下的变更程序为：①当遇到特殊情况，如施工现场停工等待变更，无法履行变更申请手续时，监理工程师征得建设单位主管领导同意后即可开始实施变更，变更开始后一个月内，必须补办审批书手续，否则增加费用不予支付。②遇到不可预见因素或大的自然灾害需紧急变更时，监理工程师在得到建设单位领导同意后，主持实施变更，变更开始后 ·个月内，必须补办审批书手续，并以书面形式报告主管部门。③当遇到重大变更或变更工作遇到困难时，建设单位领导可通知建设、监理、施工单位相关人员参加会议共同研究讨论决定有关事宜。

五是明确工程变更的日常检查。为了加强对工程变更的监督检查，二级单位每个月检查一次；公司基建部每季度进行一次联合检查。基建、生产、机电、规划、审计及建设、监理、施工单位相关人员参加。

六是明确工程变更工作的奖罚细则。建设单位对在工程变更工作中坚持立场、认真负责，并节省了大量变更费用的员工给予奖励。建设单位将对下列情况工程变更的当事人和变更单位给予批评教育、通报、经济处罚。①工程变更的施工单位，偷工减料，施工质量低劣，或给建设单位造成损失的。对上报的变更工程量和单价弄虚作假的。②设计单位提出的变更图纸粗糙、错误遗漏较多，拖延工期的。③监理工程师故意拖延，吃、拿、卡、要，接受贿赂的，故意多报变更工程量和单价的。④建设单位工作人员（包括公司相关人员）玩忽职守，故意拖延，对施工单位提出无理要求的。

陕北矿业工程变更管理示意，详见图5－9。

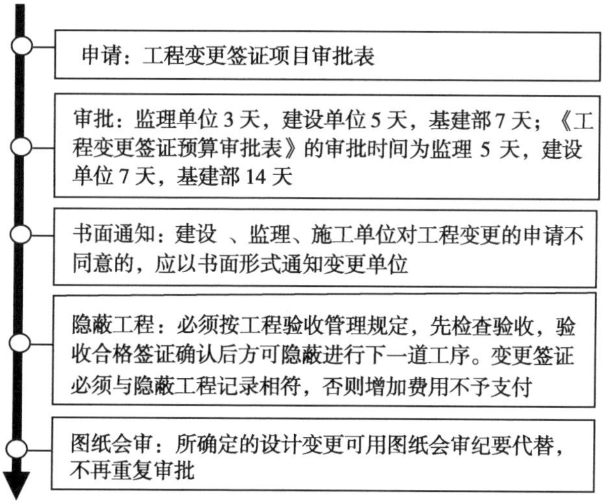
申请：工程变更签证项目审批表
审批：监理单位3天，建设单位5天，基建部7天；《工程变更签证预算审批表》的审批时间为监理5天，建设单位7天，基建部14天
书面通知：建设 、监理、施工单位对工程变更的申请不同意的，应以书面形式通知变更单位
隐蔽工程：必须按工程验收管理规定，先检查验收，验收合格签证确认后方可隐蔽进行下一道工序。变更签证必须与隐蔽工程记录相符，否则增加费用不予支付
图纸会审：所确定的设计变更可用图纸会审纪要代替，不再重复审批

图5－9　陕北矿业工程变更管理

5.2 进度控制——“两强化三考核”

围绕矿井竣工投产这一整体目标，从细化分解每一项单位工程进度入手，倒排工期，优化施工设计，创新工艺，优化网络，高效、有序推进项目建设。特别是针对井巷贯通、系统形成、永久设施等重点工程，围绕关键线路，科学统筹安排，交叉平行作业，优质快速施工，为实现矿井总体目标工期创造条件。同时加强重点工程调度，对关键工序工程进度实行动态分析。深入开展技术攻关活动，为矿井优质、高效施工提供科技支撑，带动了矿井工程进度的快速提高。

5.2.1 强化计划管理

各建设单位对建设项目需进行建设项目计划管理，建设项目计划管理的内容包括投资计划、进度计划、工程质量目标计划等。建设项目必须编制切实可行的施工总进度计划、月度作业计划及周进度计划，按计划合理组织施工，加强计划的检查和控制。及时完成计划的编制、报审和核查工作。

每年的年初，陕北矿业所属各单位将本单位列入专项工程、重大成本支出等自有资金工程计划向公司规划发展部报送年度建议计划，陕北矿业规划发展部组织相关部门对项目实施的可行性、必要性进行研究，并报公司审定后下达。

专项工程和重大成本支出等自有资金工程以外的新建和在建项目，年度计划由建设单位依据概算编制并上报公司，公司规划发展部组织有关部门根据项目实施的可行性、必要性进行研究，公司审定后下达。

所有建设项目年度计划下达后，原则上不予调整。

5.2.2 强化沟通协调

一是加强报表管理，为决策提供依据。陕北矿业重视和加强基本建设报表的管理。基建报表能及时准确反映项目实施的情况和存在的问题，是陕北矿业了解、考核、调整、决策的渠道和依据。无论是月报、季报还是年报，都要真实准确，既要反映计划量又要体现完成量，既要有工作量又要有工程量，既要有数据还要有文字分析，要真正体现报表指导的作用。各建设单位要建立健全基本建设管理台账，及时按公司规定编制上报。不能搞形式走过场，更不能脱离实际，胡编乱报。务必使报表能够如实反映工程进展的真实情况，为管理者了解、考核、调研、决策提供依据。

从工程开始实施起，就要建立管理档案，搜集传递工程“四控”（质量、进度、投资、安全）信息。发现问题及时调整纠偏。工程信息报表体系由工程月报、季报和年报构成。三种报表均应包括工作量和工程量两部分。报表主要反映本月、本季、本年度工程计划量、实际完成量和累计完成量以及工程进展和投资完成情况。报表由文字描述和表格两部分组成。文字部分主要包括：工程概况、形象进度、有关事项说明、存在的主要问题，未完成计划的原因分析，以及质量、进度、投资、安全控制情况和单位工程竣工验收、投入使用情况等。专项工程报表和其他工程报表由规划发展部负责。报表由建设单位在每月 25 日前报归口部门。

二是加强沟通协调，及时解决施工难题。项目建设千头万绪，涉及设计、施工、监理、供应商及政府各方的监督部门，见图 5－9－1、图 5－9－2。第一，工程开工前，组织图纸会审，及时发现和解决图纸中存在的问题。避免因设计造成的不必要的返工停工。要与设计单位保持沟通联系，必要时要求设计院派驻工地代表，指导工程施工。第二，编制切实可行的施工组织设计，使其具有指导性和约束性，工程技术人员要经常深入施工现场，检查、指导和解决施工过程中出现的各种技术问题，确保工程安全顺利进行。第三，对照质保措施和安全作业规程进行检查验收，及时有效地查处安全质量隐患。第四，按时召开工地例会和技术例会，积极协调内外关系，解决施工中存在的问题。第五，加强业务学习，积极借鉴和推广应用新工艺、新技术，踏实勤奋敢于担当，确保项目安全、快速、高效实施。

5.2.3 建设进度考核

严格执行基本建设项目考核管理办法，明确基本建设任务，确立工作标准及考核机制，加大考核力度。以前，施工过程管理方面存在不少盲点。例如，工程技术人员不想承担责任，机械地照图施工；施工组织设计和施工方案流于形式；施工前不能按规定逐层进行安全技术交底，甚至对一些违章作业放任自流；缺乏通盘考虑，事前控制不够，事中把关不严，事后补救不力，导致变更频繁，投资加大；等等。为了改变上述做法，在工程开工后陕北矿业进行了质量、进度、投资、安全四个方面的控制，进行了合同和信息两个方面的管理，并对现场进行各种协调。

具体措施如下：一是施工单位要根据合同工期编制切实可行的施工进度计划，由监理单位审核并监督实施。二是建设单位监督监理单位和施工单位严格执行进度计划。发现问题及时协调纠正，确保计划目标的实现。三是陕北矿业及时考核单位工程计划的完成情况，协助建设单位及时解决影响工程进度的问题。四是按月考核工程进度并审批进度款，陕北矿业按季度进行考核审批，并且规定工程进度款支付不得超过完成量的 80% 。

5.2.4 管理绩效考核

陕北矿业推行目标管理下的绩效管理体系，目标考评实行百分制，有关规定如下：各部门要结合部门目标，制定和完善工作计划安排，明确相应考核目标的具体工作内容、完成标准和进度要求，报公司审批后在企业管理部备案；因无计划安排导致无法考评的每项扣 2 分。

每个部门五项考核内容，每项考核内容最多扣 5 分；定量指标未完成的每项扣 5 分；定性指标未实施的每项扣 5 分，完成不好的每项扣 1 分；规范性要求未达到的每项扣 1 分，最多扣 3 分；因本部门分管业务管理不到位，造成安全事故的，重伤 1 人次扣 2 分，死亡 1 人次扣 10 分；造成重大工作失误或重大工作影响，扣 10 分。

本部门主管业务获得集团公司及以上组织奖励的，考评时按以下标准加分：二级单位或本部门获得集团公司/陕西煤业股份/省级协会奖项每项加 2 分，省级/行业协会奖项每项加 4 分，国家级奖项每项加 10 分；公司获得上述各类奖项奖励加倍。

非本部门主要业务获奖按上述标准的 50% 加分。每个部门最多加 20 分。

对标及精细化管理：凡拿不出 2 项对标项目进行细化和加强管理举措的部门，扣减 5 分。

获得集团或省级奖励的，参照考评办法第 4 条给予加分；部门企业管理创新项目获得集团以上奖项的，加 4 分。

陕北矿业基本建设管理目标体系由公司年度目标任务和年度重点工作组成，由规划发展部按其职能分别承担。部门主要负责人为本部门目标管理的直接责任人，组织实施本部门承担的目标任务。需要其他部门协办的目标任务，主办部门要主动协调，必要时通过公司主管领导协调；协办单位要积极配合。例如，规划发展部 2016 年度目标体系为：

2016年，规划发展部目标体系

1. 专项管理：严格公司全年专项投资计划管理，从严控制项目投资，进一步加强设计优化和投资概算审查，工程造价增幅控制在预算10%以内，降低投资成本。

2. 项目管理：加快项目建设进度，确保沙梁煤矿及洗煤厂年底投产投运，确保50万t/年低阶煤国富炉热解工业实验项目于6月底前建成投运；建立项目管理目标责任制，对项目建设跟踪管理和督查通报，负责项目竣工验收，确保项目建设程序规范，投资可控。

3. 项目开发：加大煤炭资源项目开发整合力度，力争取得重大突破；加快项目手续办理，沙梁煤矿项目核准手续力争在9月底前取得核准批复；加快2×660MW粉焦发电示范项目和2×1000MW火电项目前期手续办理的推进速度。

4. 做好本部门主管业务的对标和精细化工作。加强对工程设计、造价审核、变更签证、竣工验收和决算、工程档案的管理工作。严禁未经批准先行施工和无合同、无预算、无计划工程。

5. 完成本部门年度重点工作及领导交办的其他工作任务。

5.2.5 重大事项跟踪考核

重大事项（工程）是指三重一大（重大问题决策、重要干部任免、重大项目投资决策，大额资金使用）事项，以及合同价款在30万元以上的基建工程、设施建设、年度专项工程、重大成本支出项目、其他重大经济事项、重要项目安排及年度重点工作计划等。

为保证陕北矿业重大事项（工程）的实施进度，防止“烂尾工程、遗留问题、先斩后奏、久拖不办”等情况发生，强化内部管控责任考核落实，促进陕北矿业管控能力提升和项目资金使用效率有效提高，设计了以下的考核办法，见图5-10。

考核内容及处罚办法有以下五条。

第一，对不按规定程序办理、“先斩后奏”、超越权限的行为，视情节给予二级单位主管领导及党政一把手处分，相关责任人员调离岗位。

第二，对工程进度组织不力及不按期验收已完成工程等行为，视情节给予二级单位部门责任人员、主管领导处分。

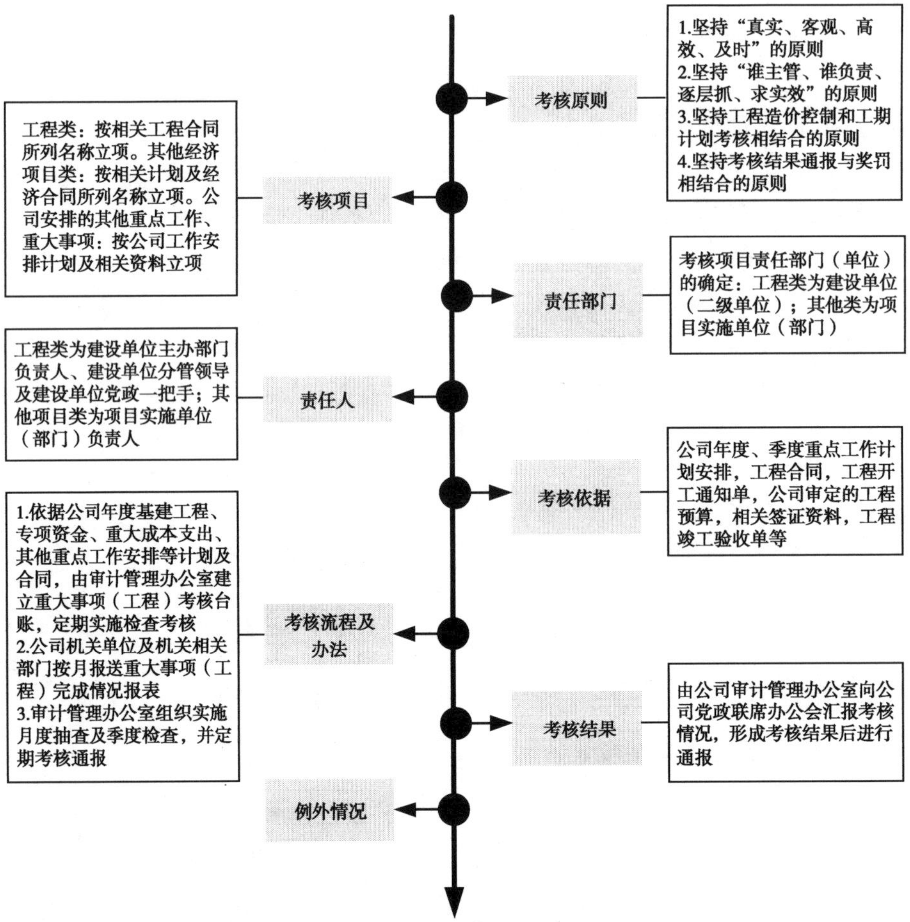
考核原则
1.坚持“真实、客观、高效、及时”的原则
2.坚持“谁主管、谁负责、逐层抓、求实效”的原则
3.坚持工程造价控制和工期计划考核相结合的原则
4.坚持考核结果通报与奖罚相结合的原则
考核项目
工程类：按相关工程合同所列名称立项。其他经济项目类：按相关计划及经济合同所列名称立项。公司安排的其他重点工作、重大事项：按公司工作安排计划及相关资料立项
责任部门
考核项目责任部门（单位）的确定：工程类为建设单位（二级单位）；其他类为项目实施单位（部门）
责任人
工程类为建设单位主办部门负责人、建设单位分管领导及建设单位党政一把手；其他项目类为项目实施单位（部门）负责人
考核依据
公司年度、季度重点工作计划安排，工程合同，工程开工通知单，公司审定的工程预算，相关签证资料，工程竣工验收单等
考核流程及办法
1.依据公司年度基建工程、专项资金、重大成本支出、其他重点工作安排等计划及合同，由审计管理办公室建立重大事项（工程）考核台账，定期实施检查考核
2.公司机关单位及机关相关部门按月报送重大事项（工程）完成情况报表
3.审计管理办公室组织实施月度抽查及季度检查，并定期考核通报
考核结果
由公司审计管理办公室向公司党政联席办公会汇报考核情况，形成考核结果后进行通报
例外情况

图 5－10　重大事项（工程）跟踪考核办法

第三，对不按规定乱出具变更签证资料的行为，视案值情节对相关责任人分别给予罚款、调离岗位等处分，情节严重的按公司《员工奖惩办法》处理，构成犯罪的移交司法机关处理。

第四，工程造价考核。以公司审计管理办公室《竣工结算审计意见书》为准，对审计核减金额达到造价 5% 以上及单项工程核减金额 50 万元以上的，按核减金额 20% 处罚建设单位，并处罚公司规划发展部相关责任人员。

第五，其他重大事项考核。依据公司相关计划、安排，按公司要求及相关管理制度规定进行考核和处罚。

重大事项（工程）跟踪考核部门职责划分，见表5－6。

表5－6 重大事项（工程）跟踪考核部门职责划分

部门	考核职责
审计管理办公室	· 负责相关重大事项（工程）考核细则及考核报表的制定 · 实施对相关重大事项（工程）的考核并形成考核资料 · 按期对考核结果进行通报并负责履行奖罚措施
规划发展部	· 负责工程工期及造价控制方面的考核并参与检查
相关职能部门	· 企业管理部、机电物资管理部、生产技术部、煤化工部、财务资产部等参与相关重大事项（工程）的检查与考核 · 党工部负责人事任免的检查和考核

陕北矿业年末进行的重大事项（工程）汇总考核，同时作为对二级单位班子成员年度工作考核的内容，与班子成员年薪挂钩。

5.3 安全管理——“四严守”

陕北矿业牢固树立“以人为本、安全第一”的安全管理理念，各级领导干部要切实提高对基本建设安全管理重要性的认识，亲自检查本单位基本建设安全现状，采取有效措施解决存在问题，对于技术难度高、安全风险大的重要施工项目要亲自过问、靠前指挥，深入落实公司工作要求，认真组织开展各项安全管理活动，确保公司安全管理要求落到实处，切实落实各自的现场安全管理责任，全面排查治理工程现场施工安全隐患，深入排查施工违章活动，确保施工现场安全。

与地面工程施工的安全管理相比，煤矿建设施工安全管理有其自己的特点，具体表现在：一是矿井建设的主要施工场所在地下，作业场所狭窄、黑暗、潮湿。随着掘进工作面的不断延伸和增加，巷道岩石及水文地质条件也经常发生变化。二是新井建设属首次揭开地层，对各种自然规律处于初探阶段，加之建井的深度不断增加，地热和地压也随之增加，各种自然灾害对施工安全的威胁更大。三是井巷工程施工过程中，要同时进行掘进、支护、提升、运输、排水、供电等多项工作，增加了安全管理的复杂程度和难度。四是井下施工的各个工序中，会产生大量粉尘，从而危及生产人员的健康。

相关统计资料表明，煤矿安全事故原因中，人为的原因：管理原因：物质原因＝5：4：1。因此，在矿井建设过程中，对项目实施中的人的不安全行为、物的不安全状态的控制和作业环境的防护，是安全管理的重点。为此，陕北矿业做到了“四严守”——严格遵守《煤矿安全规程》、严格遵守安全责任制、严格执行现场管理规定、严格贯彻“大安全”理念。

5.3.1 严格遵守《煤矿安全规程》

《煤矿安全规程》是提升安全水平的重要保障。《煤矿安全规程》是我国安全生产法律体系中一部重要的行政法规，它与矿山安全生产的法律是互相衔接的，基本精神完全一致，可以说是矿山安全生产法律的具体化。

《煤矿安全规程》第二条规定“在中华人民共和国领域从事煤炭生产和煤矿建设活动，必须遵守本规程”。

《煤矿安全规程》矿井建设部分节选

第三十四条　煤矿建设单位和参与建设的勘察、设计、施工、监理等单位必须具有与工程项目规模相适应的能力。国家实行资质管理的，应具备相应的资质，不得超资质承揽项目。

第三十五条　有突出危险煤层的新建矿井必须先抽后建。矿井建设开工前，要对首采区突出煤层进行地面钻井预抽瓦斯，且预抽率应当达到30%以上。

第三十六条　建设单位必须落实安全生产管理主体责任，履行安全生产与职业病危害防治管理职责。

第三十七条　煤矿建设、施工单位必须设置项目管理机构，配备满足工程需要的安全人员、技术人员和特种作业人员。

第三十八条　单项工程、单位工程开工前，必须编制施工组织设计和作业规程，并组织相关人员学习。

第三十九条　矿井建设期间必须按规定填绘反映实际情况的井巷工程进度交换图、井巷工程地质实测素描图及通风、供电、运输、通信、监测、管路等系统图。

第四十条　矿井建设期间的安全出口应当符合下列要求：

（一）开凿或者延深立井时，井筒内必须设有在提升设备发生故障时专供人员出井的安全设施和出口；井筒到底后，应当先短路贯通，形成至少2个通达地面的安全出口。

（二）相邻的两条斜井或者平硐施工时，应当及时按设计要求贯通联络巷。

……

第四十一条 开凿平硐、斜井和立井时，井口与坚硬岩层之间的井巷必须砌碹或者用混凝土砌（浇）筑，并向坚硬岩层内至少延深5m。

在山坡下开凿斜井和平硐时，井口顶、侧必须构筑挡墙和防洪水沟。

……

第六十四条 井塔施工时，井塔出入口必须搭设双层防护安全通道，非出入口和通道两侧必须密闭，并设置醒目的行走路线标识。采用冻结法施工的井筒，严禁在未完全融化的人工冻土地基中施工井塔桩基。

……

第七十条 建井期间应当尽早形成永久的供电、提升运输、供排水、通风等系统。未形成上述永久系统前，必须建设临时系统。

矿井进入主要大巷施工前，必须安装安全监控、人员位置监测、通信联络系统。

第七十一条 建井期间应当形成两回路供电。当任一回路停止供电时，另一回路应当能担负矿井全部用电负荷。暂不能形成两回路供电的，必须有备用电源，备用电源的容量应当满足通风、排水和撤出人员的需要。

高瓦斯、煤与瓦斯突出、水文地质类型复杂和极复杂的矿井进入巷道和硐室施工前，其他矿井进入采区巷道施工前，必须形成两回路供电。

……

第七十八条 建井期间，井筒中悬挂吊盘、模板、抓岩机的钢丝绳，使用期限一般为1年；悬挂水管、风管、输料管、安全梯和电缆的钢丝绳，使用期限一般为2年。钢丝绳到期后经检测检验，符合本规程第四百一十二条规定的，可以继续使用。

煤矿企业应当根据建井工期、在用钢丝绳的腐蚀程度等因素，确定是否需要储备检验合格的提升钢丝绳。

5.3.2 严格遵守安全生产责任制

安全生产责任制是根据我国的安全生产方针“安全第一，预防为主，综合治理”和安全生产法规建立的各级领导、职能部门、工程技术人员、岗位操作人员在劳动生产过程中对安全生产层层负责的制度。安全生产责任制是企业岗位责任制的一个组成部分，是企业中最基本的一项安全制度，也是企业安全生产、劳动保护管理制度的核心。

实践证明，凡是建立、健全和严格执行了安全生产责任制的企业，事故就会减少。反之，事故就会不断发生。陕北矿业建立起了如下的安全生产责任体系，见图5－11。

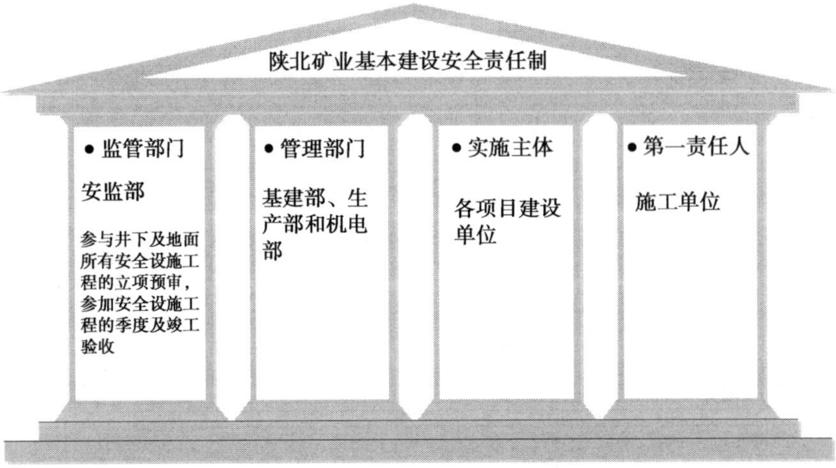
陕北矿业基本建设安全责任制
• 监管部门
安监部
参与井下及地面所有安全设施工程的立项预审，参加安全设施工程的季度及竣工验收
• 管理部门
基建部、生产部和机电部
• 实施主体
各项目建设单位
• 第一责任人
施工单位

图5－11　陕北矿业安全生产责任制

其中，规划发展部的安全生产责任为：

规划发展部安全生产责任制

1. 认真贯彻执行国家法律、法规及煤炭行业的技术规范、标准，在总工程师和分管副总工程师领导下，对矿井安全生产工作负技术管理责任。

2. 负责矿井井巷工程的设计、技术改造方案的编制，为安全生产提供真实的、可靠的地质及水文等各种原始资料。

3. 负责复测施工单位井上下基本控制导线，做好开、透口及井田范围的测量工作，确保井上下各项工程严格符合设计要求，保证导线闭合精度符合巷道贯通要求。

4. 负责组织图纸会审及交底，并负责开工报告的审批和联系设计变更等有关事宜。

5. 负责组织各项工程的验收和移交工作。

6. 负责组织编制矿井生产总体布置，生产中长期规划、环境改造以及矿井的年度、月度作业计划。

7. 负责组织审查采掘施工作业规程、技术改造及与生产有关的其他设计，在审查作业规程、技术改造及与生产有关的设计时，应同时审查安全设施、制定安全措施。

8. 负责监督检查施工单位是否按计划、按设计进行施工。

9. 负责组织制定灾害预防与处理计划和矿井应急救援预案。

10. 参加矿井工伤事故及非伤亡事故的调查处理。

11. 参与全矿技术采掘工的技术培训工作。

12. 负责分管范围内的安全质量标准化实施考核细则及业务管理制度的制定、修改工作。

13. 负责监测降雨量。

14. 完成领导下达的其他工作。

陕北矿业规定所有建设项目必须严格落实安全生产责任。公司安监部是公司基本建设安全管理的监管部门，规划发展部、生产部和机电部是公司基本建设安全管理的管理部门，各项目建设单位是项目的安全实施主体，施工单位是项目安全生产管理的第一责任人。项目建设单位必须理顺管理体制，落实安全责任，严格现场管理。

矿建工程的施工单位要严格执行建设单位的安全管理。井下施工要实行领导带班制。规划发展部不定期检查施工单位的安全管理工作，督促施工单位完善安全设施，消除安全隐患。对不服从安全管理、违章作业、野蛮施工的工队，规划发展部有权令其停工整顿和经济处罚，严重的建议公司终止合同。

5.3.3 严格执行现场管理规定

工程技术人员经常深入施工现场，检查、指导和解决施工过程中出现的各种技术问题，确保工程安全顺利进行。要对照质保措施和安全作业规程进行检查验收，及时有效地查处安全质量隐患。要按时举行工地例会和技术例会，积极协调内外关系，解决施工中存在的问题。工程技术人员，要加强业务学习，积极借鉴和推广应用新工艺、新技术，确保项目安全、快速、高效实施。

一是细化设计工代和驻地监理的职责，充分发挥设计工代和监理在施工管理中的作用。

二是建设单位要督促施工单位确保在安全文明管理施工方面的投入，检查落实建设项目的安全管理责任。施工现场要有良好的文明施工氛围和可靠的安全保障设施。特别是脚手架、施工用电、模板支撑拆除、塔吊、提升设备、中小型机械设备的使用均要符合安全规程的要求。施工区域标志醒目，进出口、临边及危险作业区应设明显的禁告牌或提示牌，机械设备应有操作规程牌和操作责任牌。

三是公司安监部、规划发展部、化工部和机电部作为公司基建安全管理部门，要不定期检查施工单位的安全管理工作，督促施工单位完善安全设施，消除安全隐患。对不服从安全管理、违章作业、野蛮施工的工队，有权令其停工整顿和经济处罚，严重的建议公司终止合同。

5.3.4 严格执行大安全理念

在建设过程中充分考虑生产后的安全问题，将“大安全”理念带入基本建设过程中，严格按正规生产矿井要求来管理基本建设时期的安全，在安全管理上实现基本建设与生产一体化，为矿井投产后的安全生产打下坚实的基础。

建设单位要争先创优，强化竞争意识，积极参与“项目管理先进单位”“优质工程”“文明工地”的评选。公司年底进行评比奖励。各单位的基本建设管理部门要认真学习集团公司和陕北矿业出台的《基本建设管理办法》，明确责任，制定措施，有计划，有考核，有奖罚，上下齐心，共同努力，安全有效地搞好基本建设工作。

5.4 质量管理——严把“三关”

牢固树立“百年大计、质量第一”的理念，建立健全质量管理和保障体系，严格执行设计标准和技术规范。在项目建设过程中，强化各建设单位、监理单位、施工单位的质量责任，从原材料的进场检验、过程控制到竣工验收的全过程，形成环环相扣、层层把关、人人负责的控制体系，切实把质量管理的责任和质量保证措施落实到实处，确保质量目标的实现。

工程质量管理是项目建设的灵魂与根本，在矿井建设中处于严于一切、高于一切、重于一切的核心位置。煤矿基本建设工程的质量对整个煤矿建成投产以后的安全生产起决定性的影响作用，是煤矿生产企业实现产量提高，利润增长的根本所在。

5.4.1 严把“标准关”

在规范和标准方面，陕北矿业明确了四项要求：

一是明确施工单位要严格按照设计要求和施工规范进行施工，确保工程质量。隐蔽工程须经监理人员检查签字后方能进行下道工序。

二是明确监理单位要认真审查施工单位提交的施工方案，加强事前和事中控制，关键部位进行旁站，确保施工质量有可靠的技术保障；要加强进场材料、半成品和构配件设备的质量检查，确保工程质量有可靠的物质基础；要按程序提交监理规划、监理月报，及时如实向建设单位汇报工程进展情况及存在的问题。监理在履行监理职责过程中出现违法违纪问题，建设单位有权处罚监理单位并要求更换监理。

三是明确建设单位负责监督检查监理单位和施工单位的质量控制体系，重点检查现场监理、施工单位项目负责人和安全技术负责人的从业资质并备案。主要管理人员更换要征得建设单位同意；检查监理单位的质量控制手段、监理程序、监理资料；检查施工单位的质保体系、工程实体质量、原材料及半成品质量。

四是明确公司职能部门必须抽查施工单位和监理单位的工程资料，检查工程实体质量。发现问题及时处理，并视情况予以处罚。

在工程质量方面，认真执行国家相关文件及建筑法律、法规，工程资料均按要求整理，程序规范，工程质量合格，无任何安全事故。例如，安山矿主平硐及延伸段井巷工程取得了国家煤炭工业质检总站评定的优质工程；安山矿地面生产系统产品仓、筛分车间、栈桥土建工程被陕西建设工程质量监督中心评定为优质工程；韩家湾矿公寓楼工程被煤炭工业陕西建设工程质量监督中心评为省级文明工地。

5.4.2 严把“验收关”

作为建设单位，要加强项目实施过程中的全面监管工作，严格审查各施工单位的施工方案，重点审查质量保证措施，还要协同监理单位做好施工过程检查以及质量验收工作，对于不合格的工序坚决不予验收。作为施工单位，首先要严格控制进入现场各项施工材料以及施工机具的质量，对于需要复验检查的材料要严格按照相关抽样检查规定进行抽样检验，检验合格方可使用；其次也要加强自检、专检、交接检的“三检”工作，严格执行各项法律法规对于工程质量的规定。作为监理单位，要加强施工过程的质量监督力度，加强工序验收工作，全程监督重点施工过程的质量形成过程，施行严格的验收制度，上道工序未经验收合格，坚决不允许进行下道工序。

5.4.3 严把“结算关”

结算资料须经监理单位复核确认，报项目管理单位审核，确认无误后出具《工程结算资料》清单，上报规划发展部开始办理竣工结算。规划发展部受理结算资料后，专业预算员应认真核实工程量及价格，出具“专用基金结算表”，交主管部门负责人审核，按规定程序报批。竣工结算后付款时，应注意按合同约定预留不少于工程结算金额5%的质保金。

5.5 结算管理——夯实“五管理”

项目结算管理在企业管理中占据着重要的地位、发挥着重要的作用。项目结算管理工作的好坏，将直接影响到企业的最终经营成果。项目结算是指施工单位与建设单位之间根据双方签订的合同（或补充协议）进行的工程合同价款的结算。项目结算分为项目工程的定期结算、阶段结算、年终结算、竣工结算。

结算涉及的资金体量大，稍有不慎和把关不严，将直接导致企业资金的巨大流失和项目投资成本的增加。结算管理一直是陕北矿业基本建设管理的薄弱环节，也是最容易“出事”的地方。陕北矿业通过确定定额标准、强化预算审批、强化合同管理、规范工程验收管理、细化工程结算流程改变了旧的管理方式。

5.5.1 确立定额标准

为了加强基本建设管理、合理控制工程造价，依据《建筑法》《陕西省建筑市场管理条例》《煤炭建设工程费用定额及造价管理有关规定》等相关法律、法规、规定、集团公司关于工程预算有关规定和公司《工程预算审批管理办法》，结合实际情况，陕北矿业制定了《陕北矿业公司工程预算定额选用管理办法》。

在工程预算定额的选用标准方面，分土建、园林绿化工程、修缮项目、井巷及设备安装工程加以明确。

第一，土建、园林绿化工程。执行2009年《陕西省建设工程工程量清单计价规则》《陕西省建设工程工程量清单计价费率》《陕西省建筑、装饰、安装、市政、园林绿化工程价目表》《陕西省建设工程施工机械台班价目表》、2004年《陕西省建设工程消耗量定额》，以清单计价模式计价，取费执行相对应的取费程序和取费标准。

第二，修缮项目。执行2001年《全国统一房屋修缮预算定额》及相对应的取费程序和取费标准，可选用定额计价。

第三，井巷及设备安装工程。执行2007年《煤炭建设井巷工程消耗量定额》和《煤炭建设机电安装工程消耗量定额》及2007年《煤炭建设井巷辅助费综合费定额》《煤炭建设工程施工机械台班费用定额》和相对应的取费程序和取费标准。

对主材价格与调差范围进行了规定。工程中涉及的主材价执行同期《榆林市建设工程材料价格信息》。一是价格信息中没有的材料由建设、监理、施工单位三方共同调查出据报公司基本建设管理部认定。二是地板砖、墙砖等主要装修材料及灯具、卫生洁具、水龙头、喷头采购时必须有公司基本建设管理部预算审核人员参与认质认价。三是基本建设管理部要加强材料价格管理，完善材料价格信息网，建立健全地材进货台账，定期组织建设单位、监理单位、施工单位共同调查当地地材价格，报公司研究确定。四是人工工资单价调整、新工艺、新材料的补充定额编制等事项必须经公司研究确定。

陕北矿业基本建设预算主管部门要加强对预算定额使用情况的监督管理，定期组织对预算定额执行情况的监督检查，检查过程中发现有违反公司规定的将通报批评并责令整改，确保使用定额的合理和规范。

5.5.2 强化预算审批管理

在预算管理方面，规定所有工程在招标前必须审定拦标价。拦标价审定必须规范、合理。对于甲方提供排水、通风、供电、皮带运输的井巷工程，在记取辅费时据实扣除，对于需要设定永久性风水管路的，一次设计施工到位，避免二次施工造成浪费。

为了加强基本建设管理，合理控制造价，降低工程成本，节约使用资金，维护公司利益，坚决杜绝概算超估算、预算超概算，结算超预算现象。陕北矿业依据《建筑法》《陕西省建筑市场管理条例》《煤炭建设工程费用定额及造价管理有关规定》等相关法律、法规、规定和陕西煤化集团关于工程预算、审计有关规定，结合实际情况，陕北矿业制定了《预算审批管理办法》，具体见表5－7。

表5－7 陕北矿业公司工程预算审批管理办法

关键环节	主要内容
·范　　围	·所有基建、专项和其他资金来源的矿建、土建、安装工程
·职　　责	·确定矿建、土建、安装工程造价的执行标准和辅助费费率及规费的取费标准 ·在集团公司入围的造价公司内推荐和确定外委的造价公司，进行招标、比价，并监督检查外委造价公司的预算编制及确认情况 ·对建筑市场预算定额及建筑工程材料状况进行调研，确定主材价格和调整幅度的范围及标准 ·监督、检查工程预算的执行情况
·工程预算审批标准	·公司所属各单位及聘请造价公司编制的工程预算必须以规划发展部指定的定额为准；各基层单位和聘请的造价公司无权变更定额标准
·工程预算辅助费及规费取用原则	·工程辅助费记取标准，定额测定费用和劳保统筹的记取与否由公司规划发展部确定 ·各种预算定额中能引起预算额较大变化的系数及调整范围由公司规划发展部确定
·外委造价公司	·新建大型项目工程预算审批按照公司招标、比价方式确定造价公司，其聘请费用由建设单位承担 ·其他资金来源的工程预算，一律由规划发展部审批。特殊情况，可以外委造价公司审核，外委造价公司选择按招标、比价方式确定收费标准，费用由公司统一支付 ·外委造价公司调整差价系数时必须报规划发展部同意后执行 ·对建筑市场定额及建筑工程材料状况的调研必须由公司规划发展部牵头进行，并最终确定定额标准及主材价格 ·对外委造价公司执行不力，随意提高取费标准和扩大定额范围，责令其整改或中止外委合同，由此造成的损失由造价公司承担

续表

关键环节	主要内容
·协调和监督	·公司主管部门要加强对建设工程预算管理的综合协调和监督管理，定期对各建设单位工程预算执行情况监督检查，检查过程中发现有违反行业及集团公司有关规定的将通报批评并责令整改，确保工程预算的合理审定和有效控制
·预算执行情况检查	·定期检查各单位预算执行情况，凡发现实际施工方式与预算不符时，及时提出更改或调整预算
·工程技术参数	·施工图纸中不涉及安全和质量但影响造价技术参数的，由规划发展部会同安全、生产技术部门在调研论证的基础上报公司总工程师同意后变动技术参数，其他单位无权修改
·编制预算与签订合同	·凡由外委造价公司审批的预算，必须经公司规划发展部进行确认后，方可按照确认后的预算签订合同。若实际工程量超过审核预算额的10%，必须履行相关程序，重新签订合同
·工程预算审批流程	·建设单位应在施工图设计完成后30日内报送工程预算书两份，另交电子版一份，并随同预算书报审以下相关资料：①工程主管部门批准的技术方案纪要、工程计划、资金来源说明、建设单位提供的辅助实施、甲方供应材料明细；②预算工程量计算书、材料价确定说明及取费标准说明 ·规划发展部从收到各单位报送的预算书之日起10个工作日内要完成预算的审查及批复。对结构复杂、技术含量高、专业性强的工程预算的审批，由规划发展部委托造价事务所审核。规划发展部要对造价事务所审核的预算进行复核确认 · 所有工程在招议标前必须确定拦标价。拦标价由规划发展部根据审定的预算按有关规定确定
·工程预结算范围及规定	·公司所属各单位的矿建、土建、安装工程项目的预算、结算 · 对列入成本费用科目下的中小设备修理及工程维修预算审批按以下标准执行：①单项工程造价在20万元（含20万元）以上的工程预算建设单位审核后要报规划发展部审查批准；②对金额低于20万元的中小修理工程项目，由各单位自行审查，公司规划发展部抽查
·工程预算日常监督	· 监督检查施工合同价款是否与批准的预算造价相符；甲、乙双方责任是否明确；形象进度款支付是否超过工程预算（或概算）；是否预留20%的工程款待决算审计完毕后结算 · 监督检查工程内容是否与批准的施工图一致；有无擅自改变计划，变相扩大建设规模和提高建设标准现象；有无擅自改变巷道断面特征、支护参数，变相降低建设标准现象；检查隐蔽工程验收情况；检查有无偷工减料、以次充好、乱挤乱摊工程成本、虚报冒领工程款问题 · 检查工程款的支付情况。所有工程价款结算必须实行先审核后结算制度。月度支付由建设单位审定，每季度末由公司审核后支付。严禁超进度付款，预付工程备料和甲方所供材料款要严格按合同规定从结算的工程价款中及时扣回 · 监督检查工程施工时，发现现有作业方式浪费资金和资源，有义务向相关部门提出修改设计，改变相关参数，从而节约建设资金

为了更好地执行该规定，还规定了相应的奖罚措施。

第一，具有下列情况之一的，经核实后属实的，规划发展部可视情况建议给有关单位予以奖励。一是检举、揭露有关违反本规定行为的。二是发现重大工程质量事故、偷工减料、以次充好和工程决算书弄虚作假的。三是降低工程成本，节约资金且工程质量取得省市级奖励的。四是根据现场作业方式提出合理化建议，改变巷道局部特征，有利于排水、节电等，降低工程成本，节约建设投资的，奖励节约资金的0.1%～0.3%。五是在工程预算审核中符合规定核减预算额超过5%的，可根据情况给予审核人适当奖励。

第二，具有下列情况之一的，给予处罚。一是未报工程预算而开工或未在规定时间报送有关预算审查资料的，财务部门可拒绝付款，并对建设单位处以工程造价5%的罚款，主要责任人1000～5000元的处罚。二是公司所属单位递交的工程预算审批时，若核减价超过所报预算价的6%，对建设单位预算审核人员处罚200～500元；施工单位上报预算价超过审批预算价的10%，预算方案退回重新制定，其预算审批费用由施工单位自行承担。三是擅自改变巷道断面特征，支护参数的，多余工程量不予认可，给予公司相关责任人罚款1000元，施工单位罚款1万～5万元。

第三，各二级单位要加强各类预算的管理，指定专人收集、归类、保管整理各类审批资料，并进行存档。

第四，设计、变更、签证等相关规定。一是工程变更和现场签证必须严格按公司已经出台的基本建设管理办法执行，不规范的签证和变更一律不予认可。二是所有变更和签证，均需由建设单位、施工、监理三方签字，分管领导审批，且在当月确认工程量及费用。否则，其费用结算不予认可。三是建设单位在设计合同中必须明确：工程项目因施工图设计不完善、不合理，引起工程费用变动，由建设单位与施工单位协商解决；设计单位应保证工程项目设计合理、规范，并提供电子版和预算书。

5.5.3 创新合同管理方法

在合同管理方面严把五关，即图纸会审关、合同关、预算关、验收关、结算关，图纸会审由设计、陕北矿业、施工、监理四方同审同签；合同由业务部门牵头组织计划、财务、企管部门共同参加进行合同谈判，形成纪要后签订，见表5－8；预算由建设单位、监理、施工三方会审汇签；验收由建设单位、监理、施工、质检、档案等单位和部门共同组织验收；资金管理方面，制定了基本建设资金支付流程。

表5－8 合同管理办法

环节	原合同管理办法	修订后的合同管理办法
· 市场调查与资信调查	· 对签约对象的民事资信进行审查，并填报《合同资信审查表》	· 增加“通过比价、招标、商务谈判等过程已经进行过市场、资信调查的，可不再进行调查”
· 谈判和起草	· 合同谈判和起草由合同承办部门负责进行，重大合同或法律关系复杂的合同由承办部门协调、组织公司经营、财务、技术、法律等部门组成合同谈判小组	· 增加“技术要求复杂的合同，应先签订技术协议”
· 合同会审	· 承办人员按《合同会审单》的程序和要求进行合同会审，并及时根据审核意见，修改完善合同 · 公司审查合同的范围以公司名义签订的所有合同和公司各单位（全资、控股子公司）签订的相关合同 · 会审人员应按照业务范围和职责，认真发表意见，并对自己的审核负责	· 以公司名义签订合同：由合同承办人填写《合同会办单》和准备相关材料等，按《合同会办单》所列部门和领导提交会审 · 除规定限额以下的建设工程合同、购销合同和外包服务合同外，公司对二级单位（含控股公司，下同）签订合同实行“合同会审单”制度。 （1）各二级单位签订标的额不足20万元的建设工程（含装饰装修）合同、设备材料采购合同，标的额不足10万元的外包服务类合同，标的额不足500万元的原（燃）料采购、产品销售合同，由各二级单位自行会审签订；达到以上限额必须经过公司会审。投融资、担保、借款、赠予、租赁、融资租赁、技术合同等其他合同必须经过公司会审。 （2）特殊付款方式的合同和涉及增值税以外的其他税种的合同应经公司财务部门会审。 （3）50万元以上的建设工程合同、材料配件采购合同，500万元以上的产品销售和原（燃）料采购合同以及投融资、担保、借款、赠予、租赁、融资租赁、技术转让等其他合同应经公司财务总监会审 · 这部分优化的重点在于对合同进行分类分级管理
· 合同签署	公司法定代表人签署标的额500万元以上以及融资、担保、对外投资等合同，其余合同由公司总经理签署，其中20万元以下采购合同由合同承办部门的领导签署	· 公司签订合同，合同总价款满200万元的建设工程合同、满100万元的采购合同、各类服务合同和其他类型的合同，属于公司签订的，由公司法定代表人签署；合同总价款满50万元不满200万元的建设工程合同、满30万元不满100万元的采购合同，由公司总经理签署；合同总价款不满50万元的建设工程合同、不满30万元的采购合同由公司业务主管领导签署 · 二级单位报公司会审后方可签订的合同，由公司法律事务室按上述权限报公司领导在会审单上签字批准。经批准的合同会审单，由公司法律事务室传真给该单位合同管理员组织修改完善合同并核对无误后，提交本单位领导签署

5.5.4 规范工程验收管理

第一，专项工程完工后，按专项工程管理办法规定验收。

第二，其他单项工程竣工后，由施工单位填写竣工报告，监理单位审核合格后报建设单位。建设单位组织初验合格后报公司。由公司规划发展部组织相关单位联合验收。验收合格后，形成竣工报告，由质监单位进行质量认证。

第三，造价在100万元以内的单项及单位工程，由建设单位组织验收，公司相关部门参加；造价在100万元以上的单项工程，由公司规划发展部组织验收。

第四，新建、改建和扩建的基建项目完工后，公司成立验收小组，专门负责项目的竣工验收工作。

第五，验收发现的问题，书面通知施工单位限期处理。处理彻底后，再组织有关部门和单位重新验收，复查达到要求后，签署验收意见书。

5.5.5 细化工程结算流程

施工单位按照工程竣工决算要求提供结算资料，结算资料一般包括：完成工程的设计图纸内容和合同约定事项、设计变更、签证等各项内容验收资料，包括："工程开工报告""工程竣工验收报告"及经批准的施工图、施工组织设计方案、设计变更单、现场签证单、工程联系单、专项施工方案、技术核定单、委托书等，工程施工合同、补充合同和协议书，工程招标文件原件，施工单位报送的"工程价款结算表"。

结算资料须经监理单位复核确认，报项目管理单位审核，确认无误后出具《工程结算资料》清单，上报规划发展部开始办理竣工结算。规划发展部受理结算资料后，专业预算员应认真核实工程量及价格，出具"专用基金结算表"，交主管部门负责人审核，按规定程序报批。竣工结算后付款时，应注意按合同约定预留不少于工程结算金额5%的质保金。

工程竣工验收后，建设单位在10天内完成结算整理，整理依据合同和变更编制工程结算，报规划发展部审核。10万元以上20万元以下的工程由公司规划发展部确认；20万元以上100万元以下的工程预算由规划发展部审核，分管领导审批；100万元以上的工程分管领导审批党政联席会通过后，由建设单位报审计室审定。

工程结算超过合同价的10%，由公司纪委对建设单位和规划发展部相关人员进行考核处罚。

第6章 "敢·Dare"文化

煤炭企业基本建设文化是在项目管理过程中逐渐形成的、是全体成员普遍接受和共同奉行的价值观念和行为规范的总和。其核心要素是信仰，即企业全体员工所信守的基本准则。煤炭企业基本建设涉及的"婆婆"众多，直接面对的是各种经济利益和复杂的关系链，如果管理人员没有底线思维，企业将遭受巨大的隐形损失。在基本建设过程中，陕北矿业从一开始就以"敢"字当头，敢于决策（Decision）、敢于担当（Act）、敢于变革（Reform）和敢于执行（Execute），形成了独具特色的煤炭企业基本建设管理"敢·Dare"文化。

6.1 敢于决策

"敢"即勇气。勇气让人远离恐惧和焦虑，也能把不利情况下藏而不露的优秀品质表现出来。人类历史表明，没有勇气社会就不会有今天这么大的进步。煤炭企业基本建设管理也一样，传统的计划经济、粗放式、低效率的管理方式和方法以及既定的利益格局是阻碍企业进步的最大障碍。如果没有勇气，再好的制度只能是摆设；没有勇气，面对有损企业利益的行为，只能"明哲保身"或者"睁一只眼、闭一只眼"，以求相安无事；没有勇气，就不敢大胆创新，只能固守藩篱。勇气对一个企业，何等重要，特别是对陕北矿业这样一个从"部队办矿"转变过来的企业，更是值"万两黄金"。也只有具备了决策、担当、变革和执行的勇气（见图6-1），才能确保陕北矿业基本建设管理目标的实现。

企业文化就是在企业哲学指导下的共同价值观体系。煤炭企业基本建设过程其实就是处理内外矛盾的过程。基本建设过程中，不同主体的价值取向如何协调是基本建设管理文化的核心功能所在。搞好基本建设管理文化建

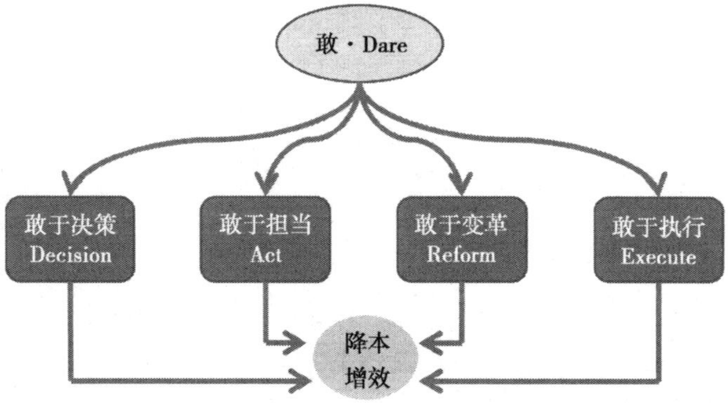
敢 · Dare
敢于决策
Decision
敢于担当
Act
敢于变革
Reform
敢于执行
Execute
降本
增效

图 6－1 陕北矿业基本建设“敢 · Dare”文化

设，具有“道生一，一生二，二生三，三生万物”的境界。由于陕北矿业前身为军转企业，部队的光荣传统和优良作风是陕北矿业基本建设管理文化的宝贵源泉。

敢于决策是陕北矿业基本建设管理文化的首要内容。美国管理学家和社会管理学家赫伯特 · 西蒙（Herbert A. Simon）早在 20 世纪 40 年代就提出了决策为管理首要职能的判断。基本建设的过程实际上就是由各种决策构成的链条，需要管理者做出符合企业自身利益的选择。因此，陕西矿业基本建设首先在敢于决策上找突破口。例如，面对安山煤矿采掘接续紧张的状况，公司及时增设了生产服务分公司综掘二队和聘请了外委掘进队，有效缓解了采掘接续紧张的局面；面对煤化工项目民营股份经常扯皮掣肘的困境，公司对煤化工项目民营股权毫不犹豫地采取果断措施，进行了全资收购，变混合所有制企业为国有独资企业，并及时完善了组织机构，提出了“全民所有，民营经营”的经营思路，理顺了管理流程，提高了决策效率和执行力，保证了项目建设的继续进行。

陕北矿业在“敢于决策”上实现了以下四个方面的“敢”，见图 6－2。

一是敢于保持战略定力，积极延伸产业链。在巨大的行业不确定性面前，坚持发展煤炭主业的战略定力是陕北矿业一切问题的出发点。这主要基于以下几方面的原因：①在煤炭企业发展生产过程中，基本建设是扩大再生产的主要手段；②随着煤炭产业、安全管理和技术的升级，煤炭改扩建项目投资将会增加。自 2006 年以来，全国煤炭投资累计完成 3. 6 万亿元，累计新增产能近 30 亿 t，具体年度投资额变化见图 6－3。其中，“十二五”期间

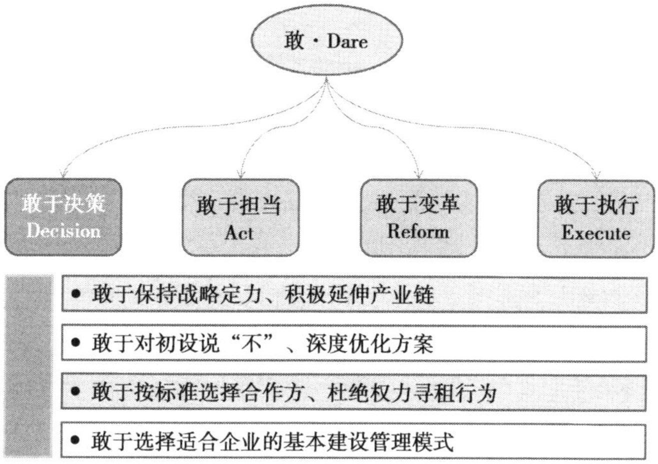
敢 · Dare
敢于决策
Decision
敢于担当
Act
敢于变革
Reform
敢于执行
Execute
• 敢于保持战略定力、积极延伸产业链
• 敢于对初设说“不”、深度优化方案
• 敢于按标准选择合作方、杜绝权力寻租行为
• 敢于选择适合企业的基本建设管理模式

图 6 – 2　陕北矿业基本建设管理文化——敢于决策

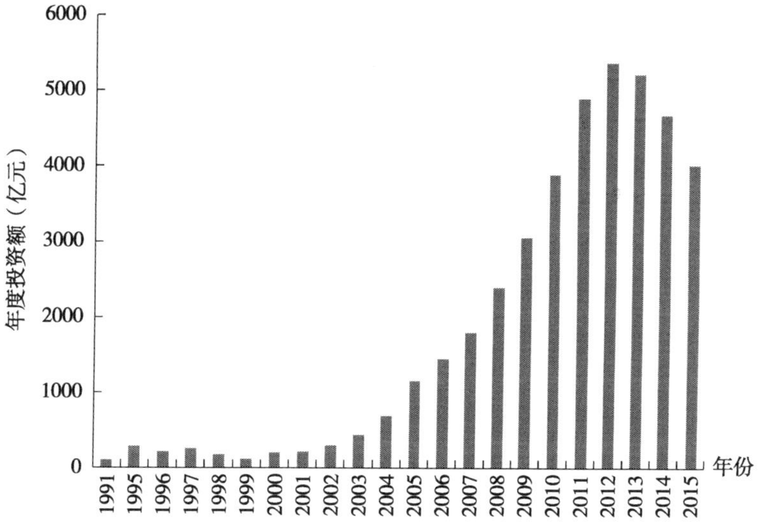
年度投资额（亿元）
6000
5000
4000
3000
2000
1000
0
年份
1991
1995
1996
1997
1998
1999
2000
2001
2002
2003
2004
2005
2006
2007
2008
2009
2010
2011
2012
2013
2014
2015

图 6 – 3　煤炭开采和洗选业固定资产投资额分布

累计投资 2.35 万亿元，年均投资近 5000 亿元；③为了充分利用闲置产能，国内在生产运营管理方面具有优势的企业将会“走出去”，特别是沿着“一带一路”进行国外投资；④尽管目前煤炭市场呈疲软态势，但是在煤炭清洁化技术得到较好解决后，煤炭作为一种廉价的清洁能源，其需求量将会得

到增长。

对于陕北矿业而言，转型升级就是要实现煤炭、煤化工和煤电生产从粗放型向质量效益型转变，推动公司全面、协调和可持续发展。具体来说，转型升级就是在做强煤炭产业的基础上，做好煤化工项目，建立循环经济体系，实现产业格局由以煤炭为主向煤基多元化及产业高级化转型。国富炉长焰煤工业化应用放大项目就是陕北矿业转型升级的重大布局。该项目将于2016年10月建成并进行试验。

二是敢于对初设说“不”，深度优化方案。正如前文的分析，初设直接关系到项目投资成本和建设进度。陕北矿业在基本事实和认真研究的基础上，敢于拒绝设计单位提出的设计方案。例如，韩家湾在实施井下避难硐室内部装饰时，公司审查初步设计方案，认为该方案虽然美观但很不经济，并对方案进行了修改，最后该项目造价由325万元调整为80万元。

三是敢于按标准选择合作方，杜绝权力寻租行为。对于造价不小于200万元的工程，严格按集团公司规定通过招标确定施工单位。对于造价小于200万元的工程，建设单位可推荐现有的信誉好有实力满足施工要求的施工单位，进行内部招标、比价，通过制度和机制创新坚决抵制各种关系“公关”。

四是敢于选择适合企业的基本建设管理模式。一些员工认为煤炭企业基本建设管理具有共性，内容也大同小异，没有必要搞自己的建设管理模式。殊不知，个性往往才是差异化的前提，也是决定成效的核心因素。陕北矿业敢在共性面前想到树立自己的基本建设管理模式，本身就是一种突破。有了这种突破，陕北矿业坚持问题导向，用富有成效的具体措施打造了基本建设“12511”管理模式。

6.2 敢于担当

敢于担当，是管理者，特别是中层管理者必须具备的基本素质。敢于担当，就是坚持原则、认真负责，面对大是大非敢于亮剑，面对矛盾敢于迎难而上，面对危机敢于挺身而出，面对失误敢于承担责任，面对歪风邪气敢于坚决斗争。担当是一种精神、一种修养、一种责任、一种追求、一种境界。

任何企业的管理制度都不可能是完美无缺的，陕北矿业的基本建设管理也一样，它是一个逐渐完善的过程。在这一过程，制度和程序上的“漏洞”

为一些人提供了“奶酪”。如果没有担当精神，一些人就可能变“漏洞”为“机会”，获取不正当利益。

在陕北地区，过去一个矿建成可能要十年八年，现在最多两三年就建成投产，如果陕北矿业墨守成规，消极等、靠、要，不抓紧、快动作，就会落后于兄弟单位。在项目建设上，陕北矿业各级领导干部敢于承担责任，敢于迎接挑战，敢于知难而上，把握住了时机。

敢于担当，就是要求陕北矿业基本建设管理紧紧围绕“降本增效”，并通过以下三个途径来进行，见图 6 –4。

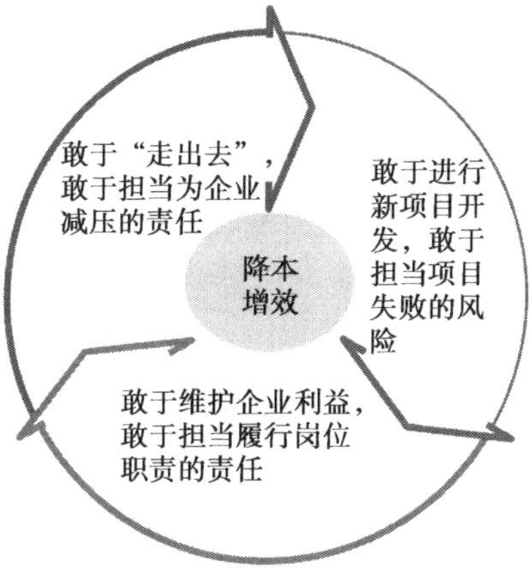
敢于“走出去”，
敢于担当为企业
减压的责任
降本
增效
敢于进行
新项目开
发，敢于
担当项目
失败的风
险
敢于维护企业利益，
敢于担当履行岗位
职责的责任

图 6 –4 陕北矿业基本建设管理文化——敢于担当

一是敢于进行新项目开发，敢于担当项目失败的风险。规划发展部积极主动完成大梁湾煤矿、高家界及郝家梁等拟开发项目的调研工作，整理出可供领导决策的富有价值的资料。考察报告经公司同意后，专题上报陕煤化集团规划发展部。在大梁湾煤矿项目上，公司党政主要领导多次赴榆阳区、榆林市向有关部门汇报，就项目合作及相关遗留问题进行充分沟通。

2015 年，在煤矿资源整合项目开发调研方面，为了扩大能源储备，增强企业实力，公司分管领导带队分赴神木、府谷等地，通过市场调研、现场摸底、实地勘查、收集整理等方式，遴选出了 9 个煤层赋存条件优越、储量可观、煤质优良、转让意愿强烈的煤矿项目。通过进一步沟通，陕北矿业刘家峁煤矿、朱盖塔矿业、升兴矿业、锟源矿业、大梁湾煤矿、乌兰色太矿业、神木县润邦矿业和神木县瑞祥煤矿、升富矿业 9 个拟出让股权的煤矿项目进行了尽职调查，并在陕煤化集团召开了第一次业务汇报会，会议决定委托外部专业人员进行上述项目的经济效益分析，在对相关项目资料进行完善后，再择机向陕煤化集团领导汇报。

二是敢于维护企业利益，敢于担当履行岗位职责的责任。过去无论是专项工程还是质量准化工程，从方案编制到审定，缺乏专人负责和反复推敲。往往方案还不成熟，就匆匆忙忙上会，参加会议的人多数又对方案不了解，会上自然无法表态；有些人碍于情面，不愿意提不同意见；有些项目的方案甚至是施工单位从自身利益出发编制的；有的项目甚至先有工队、后有方案，开工了还没有签订合同、确定造价。

三是敢于“走出去”，敢于担当为企业减压的责任。在采煤沉陷区综合治理专项建设资金的争取方面，紧紧抓住国家相关政策实施带来的机会。在陕煤化集团战略规划委员会的大力支持和协助下，通过多方努力，完成了庙哈孤矿区采煤沉陷区搬迁及综合治理项目可行性研究的编制，在当地政府备案后，第一时间派专人报送陕西省发改委，为安山煤矿专项建设资金争取赢得了时间，取得专项资金 3500 万元。目前，韩家湾煤矿专项建设资金资料已按时上报陕西省发改委，项目审核仍在进行当中。

6.3 敢于变革

对传统的一些做法、平淡的一些想法要敢于革新。干工作如果没有“革”与“新”的气魄，没有这种心理准备，就不会具备超前思维的能力，工作也肯定是干不好的。如果安山煤矿的生产总是按照韩家湾的模式走，用人、工资待遇等总是参照韩家湾煤矿，那么，安山煤矿可能就没有效益，形成不了自己独特的生产经营之路。

2012 年以前，陕北矿业在基本建设方面存在诸多问题。要变革基本建设管理方式和方法，勇气同样必不可少。要知道，有些人一开始并不愿意接受新的观点，或是对新的行动诉求怀有抵触情绪。大多数人并不具备想要变革的勇气，因为这可能会影响到他们的现实利益。“三无工程”和“工程随意变更”多一些，一些人得到的好处也会多一些。

通过加强干部队伍建设，陕北矿业着力培养和造就“老虎型”干部。过去，公司干部队伍中，“绵羊型”干部很多，而“老虎型”干部很少，这显然不能适应公司快速发展、规模发展、多元发展的迫切需要。

所谓“绵羊型”干部就是温顺听话、胆小怕事的干部。工作缺乏创新，不会独立思考，遇到困难不敢上，只会按部就班地绕着难题、困难去应付工作任务的干部。

所谓“老虎型”干部就是刚毅果敢、雷厉风行、自信自强，能应对复杂局面，勇气大、胆气正、豪气壮的干部，就是善于学习、善于思考、善于创新的干部，就是在关键时候能看得到、困难时候能冲得出、复杂时候难不倒、艰苦时候耐得住的干部。

关于干部这一块，可能“绵羊型”干部职工威信还高，“老虎型”干部职工威信还低，为什么呢？因为“绵羊型”干部是好好先生，遇到困难直接汇报给领导；“老虎型”干部遇到问题说干就干，出了问题我负责，这样就会得罪一些人。

作为一个企业，要实现稳步发展，就要大量使用“老虎型”干部，这是公司选人用人的关键所在。只有“老虎发威”，才能有“破”有“立”；只有“虎胆”在身，才能将变革措施落地。

敢于变革，对于陕北矿业而言，就是敢于进行精细化变革和变革现有基本建设管理模式，见图 6－5。

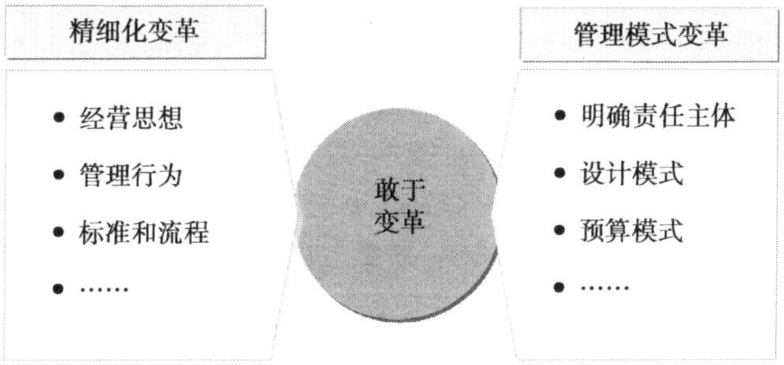
精细化变革
• 经营思想
• 管理行为
• 标准和流程
• ……
敢于变革
管理模式变革
• 明确责任主体
• 设计模式
• 预算模式
• ……

图 6－5 陕北矿业基本建设管理文化——敢于变革

一是敢于在制度上化繁就简，提升精细化水平。“消除一切浪费，力争尽善尽美”为精益生产方式的精髓。煤炭企业煤炭生产过程是一个复杂系统，包括采、掘、机、运、通等环节，标准化作业是确保系统运行的关键所在。煤炭企业只有精细工作标准，提升工作境界，使员工操作精细化，事事按标准做，才能最大限度地发挥企业的各种潜能，实现煤矿的高产高效。

千里之堤，毁于蚁穴。使人疲倦的不是远方的高山，而是鞋里的一粒沙子。这些充分说明，细节决定成败。当前，提高执行力，就是要树立一种严谨些再严谨些、深入些再深入些、细致些再细致些的工作作风，改变心浮气躁、浅尝辄止的毛病，以精益求精的精神，不折不扣地执行好各项重大战略决策和工作部署，把小事做细，把细节做精。

没有精彩的细节，就没有壮观的全局。上海地铁一号线是由德国人设计的，看上去并没有什么特别的地方，直到中国设计师设计的二号线投入运营，才发现其中有那么多的细节被二号线忽略了。上海一到夏天，雨水经常会使一些建筑物受困。德国的设计师就注意到了这一细节，所以地铁一号线的每一个室外出口都设计了三级台阶，要进入地铁口，必须踏上三级台阶，然后再往下进入地铁站。就是这三级台阶，在下雨天可以阻挡雨水倒灌，从而减轻地铁的防洪压力。而地铁二号线就因为缺了这几级台阶，曾在大雨天被淹，造成巨大的经济损失。

为什么德国“二战”后能够迅速崛起？就是因为德国人的严谨，不放过工作中的任何一个细节。天下难事，必做于易；天下大事，必做于细。在执行过程中，既要善于从大处着眼，又要能够从小处入手，要把每项工作都细化为一个个看得见、摸得着、能量化、可操作、合标准的具体环节，追求卓越，力求完美。

二是变革基本建设管理模式。例如，打破原有预算管理模式，变纯室内作业为室内外混合作业。先前，陕北矿业把预算员都当作内业人员，甚至预算员也认为预算应该坐在办公室编，工程量照图计算，明细项目和取费按照定额套，材料差异按信息价格计算，不需要再费什么心。其实编制项目预算，不仅要看懂图，还要熟悉施工工艺和施工方案。工艺不同 ，施工方案不同，造价肯定不同。这就要求预算员必须深入现场调查材料价格，了解施工环境，确认可行的施工方案和工艺，这样编制的预算才更加真实准确。

例如，编审沙梁矿三条井筒的标底预算时，陕北矿业在熟悉施工图基础上，对施工地的环境、主要材料价格进行了了解。按施工图编制，三条井筒的全额预算为 11300 万元。为了有效控制造价，陕北矿业对图纸进行了认真复查，认为设计不太经济，提出取消风井底板硬化、将锚喷厚度由设计的 150mm 改为 100mm、副井底板硬化系数由设计的 C40 降为 C30、厚度由设计的 300mm 改为 250mm、把水沟断面尺寸由 450mm × 450mm 改为 300mm × 300mm、把涌水量由 $10m^3/h$ 改为 $5m^3/h$ 的优化建议。方案优化后，经过讨论比较，把总价下浮 3% 作为拦标价，造价由最初的 11300 万元变为 8600 万元，核减了 2700 万元，核减幅度 23.9% 。这次标底编审，不仅为公司节省了大笔投资，而且发现和纠正了施工图中存在的不少问题，锻炼和提高了自己的预算人员。

6.4 敢于执行

没有执行力，就没有竞争力；没有执行力，就没有发展！执行力的强弱体现了管理能力的高低、决定着发展速度的快慢，也决定着发展质量的好坏。没有好的执行态度、能力、效率和水平，也就不可能在竞争中取得胜利。

制度的生命力在于执行。制度再完备，规定再明确，只是搞好工作的一个基本条件，关键在于日常贯彻落实。过去，尽管陕北矿业对管理办法进行了讲解，但是在实际工作中陕北矿业仍然感到政令不畅通，规定落实不到位。

例如，有的建设工程工期一拖再拖，半年工期，两年多还不能利利索索完工。有的工程变更迟迟不予审核上报，施工单位提出的问题，不能及时回复。跨过施工人员汇报情况，却又会导致接二连三的刁难报复，施工单位怨声载道。施工单位与建设单位之间、建设单位与公司之间、建设单位的部门之间、公司的部门之间，沟通协调不太顺畅。有的人愿意发号施令，不愿意承担责任。有利的事情抢着干，难干的事情、麻烦的事情，千方百计往外推。有的机械教条，抠字眼，玩文字游戏。有些人，考虑问题缺乏前瞻性和关联性，想到哪里干到哪里，记起什么干什么，常常出现因为准备不充分，考虑不周全，急于行动，造成不必要的窝工、返工。

执行力是一种综合表现。陕北矿业是一个整体，一个团队。整体素质体现在是否具有相互沟通、协调配合的团队精神，是否具有团结共事的和谐氛围，是否具有集体凝聚力。提高团队素质、增强团队合力是提高执行力的有效途径。因此，一方面陕北矿业完善制度和规范管理，另一方面努力提升了个人素质，加强了公司各部门之间、部门与建设单位之间的协调与沟通。通过这些措施，为基本建设精细化管理提供了保障。

第一步，解放思想，过“意识关”。现实中有这样一个怪现象，说到个人，没有人承认自己思想不解放，而一说到公司发展中的问题，又异口同声认为原因在于思想不够解放。都说思想不解放，究竟是谁思想不解放？创造性地落实上级精神，是执行力的最高境界。解放思想不能坐而论道、纸上谈兵。大家都知道“诸葛亮挥泪斩马谡”的故事。正是因为马谡在执行诸葛亮的战略

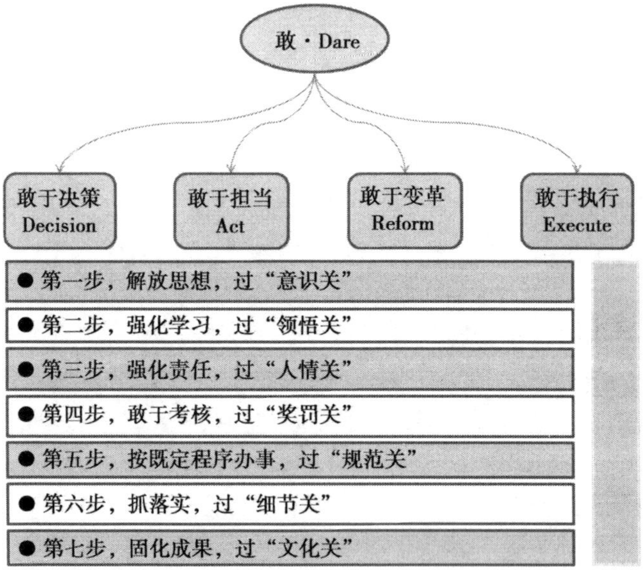
敢 · Dare
敢于决策
Decision
敢于担当
Act
敢于变革
Reform
敢于执行
Execute
● 第一步，解放思想，过“意识关”
● 第二步，强化学习，过“领悟关”
● 第三步，强化责任，过“人情关”
● 第四步，敢于考核，过“奖罚关”
● 第五步，按既定程序办事，过“规范关”
● 第六步，抓落实，过“细节关”
● 第七步，固化成果，过“文化关”

图 6－6　陕北矿业基本建设管理文化——敢于执行

决策时，不能实事求是，不能结合实际，结果失了街亭要塞，误了蜀汉大业，自己也丢了性命。要切实弘扬真抓实干的精神，在干中统一思想，在干中深化认识，脚踏实地、埋头苦干，真正形成支持改革者、鼓励创业者、批评空谈者的浓厚氛围，真正形成“干部从干中来、到干中去”的积极导向。

第二步，强化学习，过“领悟关”。好的管理者，必定有较强的悟性。在执行中，领导更多的是出一个思路，确定一个目标，规定一个时限，提出期望的结果，这就要求执行者有能力去策划整个操作过程，而且其结果应尽量超越领导的预期。能够把上级决策本土化、特色化的人，才是执行力强的优秀人才。思路决定出路，没有思维能力就缺乏行动能力。要善于思考，做到谋划在前、思虑在先，掌握工作的主动权。一是从全局的角度想，就会使自己站得高、看得远、想得深。二是从职责范围的角度想，就会使自己把工作把握得更全面、更周到。三是从一件事的全过程去想，就会使自己把正在做的事做得更有条理、更有章法。

第三步，强化责任，过“人情关”。比尔·盖茨这样说过：“人可以不伟大，但不可以没有责任心。”在畅销书《做事做到位》中，作者这样写道：“有人说，假如你非常热爱工作，那你的生活就像是天堂；假如你非常讨厌工作，那你的生活就像是地狱。”你对工作的态度决定了你对人生的态度，你在工作中的表现决定了你在人生中的表现，你在工作中的成就决定了你人生的成就。

在工作执行的过程中，往往会遇到这些情况：任务明确了仍旧等待观望，工作部署了仍旧无动于衷，形势变化了仍旧按部就班；面对上级交给的任务，推诿扯皮、消极怠工；对公司强调的制度、规定有令不行。这些问题的存在和背后的原因，都与责任意识有关。责任心是做人、做事的基础，一诺千金，言而无信，不知其可也。这些看似说的是人的信用问题，实则是责任心的问题。有了责任心，对自己分内的事情和做出的承诺都会去集中精力抓落实。做起来也就会热心、用心、精心，就会精益求精，会积极主动地想办法、拿措施、抓落实。因此，陕北矿业时刻加强职工的责任心教育，利用企业文化、身边典型以及各种正反案例，教育引导大家自觉树立责任意识，不折不扣地把工作落到实处。

要完成上级交付的任务，必须具有强烈的责任心。1898 年 4 月，美国和西班牙战争爆发后，美国总统麦金莱必须立即和西班牙的反抗军首领加西亚将军取得联系，而当时加西亚在古巴丛林里活动，没人知道他的确切地址。一个名叫罗文的人接到任务，要把美国总统的信交给加西亚将军。当罗文接过信后，并没有问“他在什么地方？怎样去找？我怎么把信交给他？”他孤身一人辗转前往古巴，经过千辛万苦，凭借他的勇气、责任心和不屈不挠的意志，终于把信交给了加西亚。这就是著名的“把信送给加西亚”的故事。“罗文精神”揭示出任何时候都不能忘记自己的职责，不要用任何借口来为自己开脱或搪塞，完美的执行是不需要任何借口的。

例如，在 2012 年的公司机关办公楼亮化工程及室内 LED 电子显示屏招标、比价中，参与人员严格按照程序操作，以高度的责任心工作，通过艰苦的商务谈判，抵住了说情、抵住了诱惑，为公司节约了几十万元的费用。

再比如，在某基本建设工程项目预算上，相关职能部门审核人员严格标准，坚持原则，硬是将百万元的虚报预算压了下来。又比如，乾元煤化工场平项目的方案优化过程中，如果按预算 $1m^3$ 大约多支出 2 元钱，2 元钱是什么概念呢？就是 400 万元到 500 万元。

第四步，敢于考核，过“奖罚关”。实践反复证明：在现阶段，人们的行为往往不是你提倡什么他就重视什么，而是你考核什么他才重视什么，才会想办法干好什么。对员工行为规范和企业各项管理制度的执行情况进行长期而有效的考核，能使一种行为成为自觉、变为习惯、形成风气，从而使员工由“要我这样干”变为“我要这样干”。

建立科学有效的考核评价体系，切实把执行效率和执行结果作为对个人和集体考核评价和奖惩的主要依据。有了科学的奖惩和合理的激励制度，马不扬鞭自奋蹄，职工会自觉地提高执行力。另外，有奖必有罚，谁应该罚、怎么罚在考核评价体系里都加以明确。要做的就是以铁的决心、铁的手段和铁的纪律来执行，真正发挥处罚的警示作用。

第五步，按既定程序办事，过“规范关”。各级组织要进一步建立健全各项规章制度，推行目标责任制，对安排部署的各项工作、目标任务要细化量化，层层分解，责任到人，促使人人出智慧、想办法。实现人人有任务、有压力、有动力。同时，要健全信息反馈制度和情况通报制度，及时了解掌握工作的进度和取得的效果，做到每一项工作都有布置、有检查、有结果、有奖惩，杜绝坐而论道、只说不干或者以会议落实会议、以文件落实文件等不良现象。

在项目实施中，严格按既定程序办事，强化了方案的审批。公司要求所有计划实施的项目，必须进行方案审查。造价在 300 万元以内的方案由基层建设单位总工程师组织审核，300 万元以上的项目由公司总工程师组织审核。方案审核必须有会议纪要，坚持谁审批、谁负责的原则。

要求各单位严格遵守陕煤化集团及陕北矿业的基本建设管理程序，严禁“无计划、无资金、无合同”三无工程开工。否则，财务部不予安排资金计划，公司对建设单位的责任人进行问责。通过规范各项决策程序，杜绝了“三无”工程。

第六步，抓落实，过“细节关”。提高效率是抓好工作落实的重点。各级组织要把工作效率作为衡量工作业绩的重要标尺，作为党员干部考评的重要内容。只有高效地开展工作，才能及时发现问题、正确分析问题、彻底解决问题，将各种消极因素转变为积极因素，才能牢牢掌握工作的主动权。同时，明确完成工作的时限和基本要求，不能有始无终、虎头蛇尾，不能走调变形。

第七步，固化成果，过“文化关”。执行文化的影响是提升执行力的最高追求。一个人不敢做坏事是因为老板厉害，一个人不能做坏事是因为制度厉害，一个人不愿做坏事是因为文化厉害。这里面体现了企业管理的三重境界，那就是人治、法治和文治。要提高企业的执行力，一定要抓住执行文化这个根本，用文化做支撑、用管理做保证，逐步形成按制度办事的习惯，达到“从心所欲不逾矩”的水平，也就完成了文化治企的飞跃。

第7章　变革之道

管理是企业永恒的主题，转型求变，方可制胜未来。近年来，陕北矿业先后启动了韩家湾煤炭公司产业升级工程、大哈拉煤矿安全补套工程、涌鑫矿业公司安山煤矿项目和陕北基泰煤化工等大项目，在“形”上实现了良好的发展布局。在坚持以项目支撑发展、不断扩大经营规模的同时，陕北矿业积极变革基本建设管理方式，全面提升基本建设项目质量和管理水平。“有序”“简单”“自动”是陕北矿业基本建设管理追求的目标，有序即规范，简单决定着执行力，自动旨在让陕北矿业基本建设管理形成一种自适应状态。

7.1　“无序”走向“有序”

西西弗斯是古希腊神话中冒犯了上帝的一个国王，他受到的惩罚是在地狱里把一块巨石推上一个陡峭的斜坡，看着它滚回山脚下，然后不断重复这个过程。古希腊神话对地狱的描述很像现代员工们的生活状态：整天忙于那些毫无意义且看不到尽头的工作任务。太多的公司就像在一个真空里运营，不仅雇员，甚至他们的上司也不知道什么是有价值的。工作迷失了方向，员工们只是按惯性前行，很快就不知道自己身在何处了。

由于企业历史和外部环境等原因，陕北矿业基本建设管理过去基本上处于“无序”状态，“三无”工程（无计划、无资金、无合同）普遍存在，制度缺失，职责缺失，流程标准缺失，考核标准缺失，见图7－1。

根据亨利·法约尔的管理理论，管理活动的职能就是计划、组织、指挥、控制和协调，管理通过这些活动有效地把人、财、物等要素组织起来并进行合理配置，最终达到社会经济系统协调发展和有序管理。

陕北矿业基本建设管理，通过四条路径来实现“有序”管理，一是制

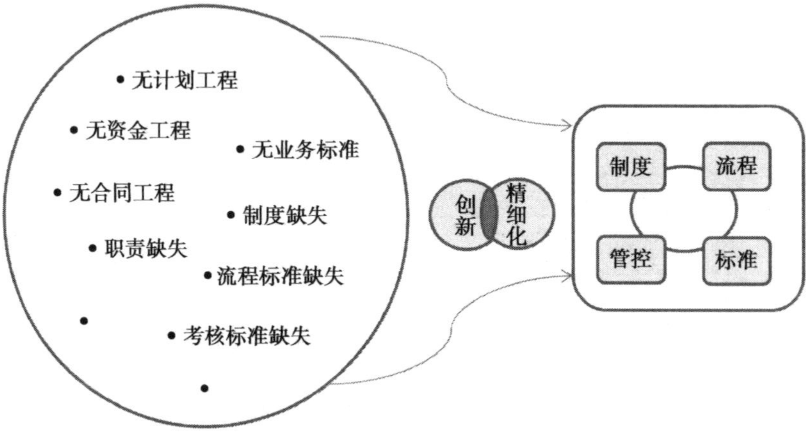
• 无计划工程
• 无资金工程
• 无业务标准
• 无合同工程
• 制度缺失
• 职责缺失
• 流程标准缺失
• 考核标准缺失
创新
精细化
制度
流程
管控
标准

图 7-1　陕北矿业基本建设管理的有序化

度化管理、二是流程管理、三是标准管理、四是管控体系。其中，制度化管理是有序管理的核心。

制度是管束人们行为的一系列规则，是对常规性或重复发生事物的一种规定，也是管理的一个载体。制度既是对以前工作的总结，又是对以后工作的要求；既是对某件事的规定，又告诉人们如何去做某件事。因此，完善的制度若能严格被执行，则系统在运行中就可以减少摩擦和浪费，少走弯路，从而能保证系统经常处于有序的状态，并使其高效地运行。相反，没有制度，组织系统则会呈现出无序混乱状态，管理活动也无从进行。

7.2　"繁杂"走向"简单"

2000 多年前，苏格拉底站在熙熙攘攘的雅典集市上感叹："这里有很多东西是我不需要的。"现如今，很多企业管理与"雅典集市"何其相似，企业管理存在很多没有价值的东西，并且往往就是这些"很多东西"削弱了管理效能。组织机构不断膨胀，人员越来越臃肿，制度越来越烦琐，程序越来越冗余，制度文件越来越多，可是企业工作人员感到越来越迷茫，效率也就自然越来越差。

事实上，所有复杂组织都存在资源浪费和效率低下的问题，特别是大型企业，它们没有专注应该关注的事情，充斥着大量无意义、不能带来生产力的工作。这种现象，对于煤炭企业也不例外。长期以来，我国煤炭企业管理粗放。分析原因，一是受制于煤炭先天性地下赋存条件而导致的开采复杂性、多变性、困难性、高危性等特性的影响；二是受制于煤炭开采比较滞后的技术装备水平即生产力水平条件的影响；三是在“黄金十年”，不断走高的煤炭价格掩盖了管理上存在的问题。

在粗放式管理下，企业变成许多相互对抗力量博弈的产物。这种对抗，是由许多琐碎的不重要的势力，共同对抗少数重要的势力。这些琐碎不重要的势力代表着企业的惰性。平庸的人和平庸的企业都喜欢把简单问题复杂化，因为复杂化给企业蒙上“灰色”，为政治行为搭建了舞台。苏格拉底曾告诉我们：复杂往往造成浪费，高效来自简捷。所有企业都具有很大的简化工作、取消无价值流程的潜力，让简单化管理成为一种企业生产力。

和其他许多企业一样，随着企业的不断壮大，陕北矿业的管理变得越来越复杂、流程也变得越来越烦琐。这在很大程度上损耗了企业的效率，造成了巨大浪费。优秀管理者都奉行简单至上的原则，简单便于分析和决策，孕育着效率。

针对诸如这些问题，陕北矿业推行了“简单化管理”。“简单化管理”，就是紧扣“管用”这一核心，制定的各项措施符合实际情况，简单易行，抓住了要害和精准到位（体现为管理提升是抓住薄弱环节和突出问题，而不是全面开花），能用一句话说清楚的绝不用一页纸。简单化管理不是单纯的“少”，而是“管用”和“可操作”。简单化管理的实质是在掌控了事物本质基础上，以效率和效果为出发点，追求用最简捷、最直接、最有效的方法解决问题的管理方式。

陕北矿业推行“简单化管理”，实现了“三个简化”（简化制度、简化流程、简化层次）。

简化制度。为何所有的企业都在实行制度化管理，显现出的效果和差距却是那么的大。墨菲定律说：“把事情变复杂很简单，把事情变简单却很复杂”。“上面千条线，下面一根针”，制度要讲求简单实用，否则基层管理者将无从下手。例如，陕北矿业原来的《基本建设管理制度》尽管详细，但执行起来却存在诸多不明确的地方，见表7-1。

2013年，基本建设部根据简单化管理原理，分别制定了《基本建设管理补充规定办法》《工程预算审批管理办法》《井巷工程风、水管路施工管理办法》《工程预算定额选用管理办法》。

表 7－1 《基本建设管理办法》存在问题分析

原《基本建设管理办法》	存在问题分析
·概况。分 7 章供 26 条	含计划的申报、审批，方案的审定和工程设计，招投标与合同管理，工程管理，竣工验收，等等，全面但重点不突出，没有抓住重点
·第三章　方案的审定和工程设计关于方案的审批如下： 第六条　基本建设项目的设计方案委托有资质的咨询公司审查，总工程师审批。 第七条　单项工程的设计方案由基本建设部组织相关部门审查，总工程师审批	从方案编制到审定，缺乏专人负责和反复推敲。往往方案还不成熟，就匆匆忙忙上会，参加会议的人多数会前对方案不了解，会上无法表态；有些人碍于情面，不愿意提不同意见；有些项目的方案甚至是施工单位从自身利益出发编制的
·第八条　单位工程造价在 300 万元以上，由基本建设部审批，300 万元以内的单位工程及分部分项工程由建设单位审批	存在两个问题：一是权力过于下沉，不利于企业整体控制工程规模；二是审批权限没有进一步得以明确
·第十条　工程设计由建设单位根据审查意见委托并签订合同	含混不清
·第十一条　方案审查和图纸会审要有会议纪要，因方案审查和图纸会审不认真给公司造成损失，要追究相关人员的责任	规定过于主观，什么是“不认真”以及“追究什么样的责任”，缺乏相关制度“接口”，导致该制度缺乏可操作性
·第四章　招投标与合同管理	企业有《招投标管理办法》，没有必要再行规定
·第五章　工程管理分别对开工报告审批、工程进度管理、工程质量管理、安全管理、信息管理和造价管理进行规定	该部分尽管很全面，严格按工程管理的环节和步骤进行规定，但是却对公司存在“三无工程”、职责权限不明确、预算管理薄弱、工程变更随意等属于陕北矿业的“个性问题”缺乏针对性
第二十一条　造价管理 （一）定额及取费标准 1. 定额执行：定额选用由基本建设部根据国家有关规定确定。工程预算以清单计价为主，20 万元以下的小型工程可采用定额计价。矿建及设备安装工程执行 2007 年煤炭定额及其配套的取费文件和计算规则；土建及园林绿化工程执行 2009 年《陕西省建设工程工程量清单计价规则》《陕西省建设工程工程量清单计价费率》《陕西省建筑、装饰、安装、市政、园林绿化工程价目表》《陕西省建设工程施工机械台班价目表》及 2004 年《陕西省建设工程消耗量定额》，若有变动，公司另行确定。 2. 所有工程预决算不计取定额测定费用和劳保统筹，两项费用由建设单位统筹统交	这部分存在以下问题： （1）没有给出具体的定额选用标准，例如土建、园林绿化工程的标准是什么，修缮项目的标准是什么，井巷及设备安装工程的标准是什么都没有明确规定； （2）主材价格与调整范围没有明确规定； （3）原制度中的“施工单位向建设单位递交的预结算必须全面真实。若核减价超过所报的预结算价的 10%，核减费（核减价的 5%）由施工单位承担，并在工程款中扣除”在实践中不具有操作性。 总之，这部分管理制度简单是简单了，却不“管用”，没有抓住关键
·第二十一条　造价管理 （二）预算管理 1. 公司矿建、土建、安装工程预算由基本建设部负责审批。金额较大、工艺复杂的工程预算由基本建设部委托有相应资质的造价公司审核。 2. 单位工程造价在 10 万元（含 10 万元）以上的预算要报基本建设部审批；费用低于 10 万元的小型工程，由各单位自行审查。公司基本建设部抽审	这部分存在以下问题： （1）没有明确预算管理权限； （2）没有明确预算员的职责，过去把预算员都当作内业人员。甚至预算员也认为预算应该坐在办公室编，工程量照图计算，子目和取费照定额套，材差按信息价计，不需要再费什么心； （3）“各单位自行审查”和“公司基本建设部抽审”的规定是导致企业项目管理混乱的重要原因

一是大大简化了管理制度的内容，把通用的、共性的、常识性的内容直接拿掉；二是在简化的同时，对关键性的控制环节进行了细化和制定了相应的控制标准；三是企业已有相应规章制度以及有国家和行业规定，直接给出制度衔接“接口”，避免了管理制度“大而全”却不切中要害的弊端。

简化流程。流程的繁杂会带来管理低效。自2013年起，陕北矿业对企业业务流程进行了重新设计和梳理，明确了各个节点的管理要求和标准。

简化层次。首先，对管理层次进行简化，实现了组织机构的扁平化。组建了以掘进、联采、机电安装、搬运为主要服务功能的生产服务分公司；成立了物资供应中心，各二级单位不再设立类似的物资供应机构。其次，对人员进行了简化，尽量减少机关职能部门科室人员配置，充实基层单位人员数量。最后，对管理权责体系层次进行了简化，避免权力过于下沉带来的管理失控行为，将权力进一步向上集中。

7.3 “被动”走向“自动”

陕北矿业基本建设管理最终目标就是建立适应性组织，全面实现员工的“自”动化管理。适应性组织是相对于机械式组织而言的，它是现代组织设计原则创新的产物，强调纵向和横向的合作，职责常常根据需要进行不断地调整，更多地依靠非正式渠道进行沟通，决策常采用分权形式。

“自”动化管理是在主动化管理基础上的一种高级管理状态，强调领导无为而员工能按既定的流程、标准和考核要求自发地进行工作。“自”动化管理不仅能充分减少员工决策的主观性，还能充分发挥员工的主动性。

第一，建立激励约束机制，形成“成果共享”磁场。“一切为了发展，一切为了职工”，是陕北矿业的企业宗旨。为发展出力，为职工造福是陕北矿业的事业追求和奋斗目标。为达到这一目标，公司各级组织紧紧围绕发展是企业的第一要务，始终坚持以人为本，把实现好、维护好广大职工的根本利益，作为一切工作的出发点和落脚点，提升职工素质、提高职工福利、改善职工生活、美化矿区环境、保障职工健康、解决职工困难，让职工快乐工作、幸福生活。例如，解决了部分职工榆林落户问题，开展了金秋助学和元旦、春节送温暖活动，安置了符合条件的职工子女和家属来公司就业，实施了职工疗休养制度，提高了井下工人入井津贴、夜班津贴和班中餐标准，通过这些措施较好地培育了职工对企业的归属感，等等。

风险共担是企业发展的必然要求。企业是职工共同的家。共同的家就要大家共同来建设。日常工作中，有任务，就应大家共同完成；有难题，就应大家一起来解决。特别是当企业遇到困难和风险时，只有大家共同奉献聪明才智，才能形成强大的智慧之河；只有大家共同出力流汗，才能汇聚成不可阻挡的力量之海。可以说，人心齐，泰山移，广大职工团结一致，齐心协力，没有解决不了的难题，没有渡不过的难关，没有克服不了的艰险。

利益共享，才能风险同担。企业把职工看作自己家庭的一员，职工就会把企业看成自己安身立命的家，发展个人、实现理想的平台，就会为家庭的兴盛和荣誉竭忠尽智、奋斗不止，承担自己应尽的责任和义务。

风险共担，方可利益共享。陕北矿业反对那种只想享受、不愿奉献，只想沐浴阳光、不愿承担风雨的错误思想。作为公司的一名职工，全体员工要努力工作，创造更多的价值，为公司的发展壮大贡献更多的力量。公司的发展，是全体员工个人发展的基础，公司的强大，是全体员工家庭幸福的源泉。一句话，企业是所有人的饭碗，全体员工要用自己的努力，让企业这口锅永远有香喷喷、有营养的饭菜。

第二，强化人才培养，形成“人才效应”磁场。陕西煤化集团颁布实施了2013—2017年人力资源规划“三支队伍”建设方案，公司出台了《中层领导班子及管理人员考核办法》《后备干部管理办法》《人才强企战略实施意见》《优秀人才培养管理办法》等规章制度，建立了“能进能出、能上能下、用好留好、充满活力”的人才工作新机制，对各级管理干部从培养、选拔、使用到考核、激励做到了制度化管理。

第三，公司积极搭建优秀人才脱颖而出的平台。明确了干部管理权限，对管理干部实行了分级管理，在公司机关引入了干部竞聘上岗；推行了财务科长委派制；试行内部招聘制度，在领导干部中推行了末位淘汰制；规定了“大中专学生见习期必须下区队到车间方可择优竞聘上岗”“提拔任用科级管理干部必须有基层工作经历”的刚性要求；拉高了招录公司职工的门槛；对51名管理干部实施了MBA培养计划，对47名非煤专业大专生了进行脱产再培养，加紧培养招聘煤化工等企业急需人才。通过一系列得力举措，公司人才队伍的年龄、知识、专业结构不仅趋于合理，而且一批经过基层锻炼、有实际工作经验的业务骨干大步走上了管理和技术岗位，激活了各位员工的积极性。

在2014年，陕北矿业相继颁布并实施了《工程技术人员人才培养方案》和《工程技术人员人才培养实施细则》，最大限度地开发工程技术人才队伍，建立后备人才梯队，缓解公司快速发展中的工程技术人才压力，见图 7－2。

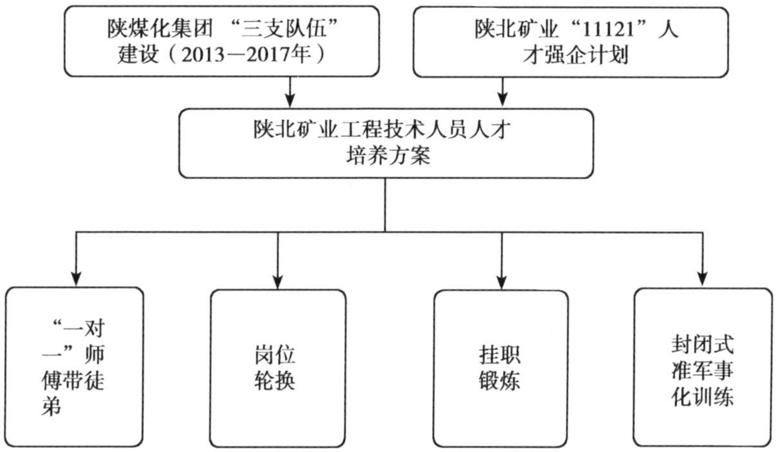
陕煤化集团“三支队伍”建设（2013—2017年）
陕北矿业“11121”人才强企计划
陕北矿业工程技术人员人才培养方案
“一对一”师傅带徒弟
岗位轮换
挂职锻炼
封闭式准军事化训练

图 7－2　陕北矿业工程技术人才培养体系

备注：建设“三支队伍”，即建设一支懂管理、善经营的管理人才队伍；建设一支勇于钻研、善于创新的专业技术人才队伍；建设一支技能高超、爱岗敬业的技能人才队伍。

为保证工程技术人才培养的针对性和有效性，计划利用三年左右的时间，分别采取处级“一对一”师带徒、岗位轮换、挂职锻炼及封闭式准军事化训练等办法进行培养。坚持全面培养与择优培养相结合的原则；坚持理论与实践相结合，注重实践的原则；坚持专业素质与综合素质同步提升，一职多能的原则，见表 7－2。

第四，培养团队，形成协同工作“氛围场”。基本建设管理点多面广，千头万绪，需要多方面和多部门的积极沟通、密切配合，决不能单枪匹马孤军奋战。作为工程管理人员，更应该深入实际、求真务实。要切切实实从工作出发，真抓实干，不能夸夸其谈，纸上谈兵。更不能事前不认真谋划，事中不跟踪检查纠偏，事后出现问题却做诸葛亮，一味推脱责任，指责评判别人。陕北矿业的工作虽然有分工，但各部门各科室之间是密切关联的，需要相互协调配合，一切要以公司的整体利益和目标为出发点，绝不能局限在本部门、本科室和本人的眼前利益之中。

表 7－2　陕北矿业工程技术人才培养措施

培养办法	具体措施
"一对一" 师傅带徒弟	· 一个周期为一年，每年轮换一次。在培养期间每名被培养对象共接受三个师傅指导 · 师傅的考核由公司工程技术人才培养工作领导小组办公室对其进行考核，每季度考核一次。考核实行百分制 · 师傅与徒弟需要按照《处级师带徒协议书》中的相关约定，履行各自职责，以保证培养的顺利实施 · 师带徒期间，师傅应与徒弟所在部门（区队）负责人进行及时、充分的沟通，保证工作学习两不误 · 师傅津贴由公司工程技术人才培养工作领导小组办公室考核发放，发放标准依据公司《以师带徒管理办法》（陕北矿业发〔2011〕185 号）文件执行，每季度发放一次。发放办法为：发放标准 × 考核得分/100
岗位轮换	· 岗位轮换计划按三年时间进行安排。岗位轮换期间，安排每名被培养对象在基层安全、生产、机电等科室每次不少于半年的时间进行工作轮换 · 岗位轮换期间，被培养对象的人事关系在原单位不变，工资在原单位发放，但工资待遇按所轮换岗位的标准进行发放 · 被培养对象当月的工资待遇支付要以所轮换部门出具的各项考核结果为依据 · 岗位轮换期间，被培养对象要服从所轮换部门的管理和工作安排
挂职锻炼	· 挂职锻炼计划按三年时间进行安排。被培养期间，安排每名被培养对象在公司机关安全、生产、机电等部门每次不少于三个月的时间进行挂职锻炼 · 根据实际情况安排到关中老矿进行挂职锻炼，三个月为一个周期，每年一次，培养期间不少于两次 · 挂职锻炼期间，被培养对象的人事关系在原单位不变，工资在原单位发放
准军事化训练	· 根据实际情况组织安排 1 ~ 2 次为期一周的准军事化训练 · 对被培养对象进行准军事化训练、专业知识培训、召开年度座谈会（研讨会）等

在古代农业经济时代，一个人、一个家庭，既种田又养蚕，使用的简单农具也是自己加工，完全过着一种自给自足的日子。然而，现代社会分工越来越细，没有一个人能够离开他人，独立生活。企业也是如此，在现代企业中，经营管理是一个庞大而复杂的系统工程，需要发挥各个部门、各个岗位的职责，这样才能把事情做到最佳。没有一个人能够脱离集体，独立完成工作任务。"人心齐，泰山移""兄弟同心，其利断金"，这些话都告诉陕北矿业，团结协作是一种良好的职业道德，是促进工作的客观要求和有力保证。但是，由于每个人追求的目标不同、自身条件不同，不见得都能够自然地团结在一起。团结协作精神强不强与共同的目标、共同的追求、共同的使命、共同的责任有很大关系。因此，陕北矿业在企业发展愿景、理念、文化、责任等方面强化引导，促进大家自觉地将心凝聚到一起、将力用在一起，提升

团队的整体协作精神，协作精神提高了，执行力自然就会提高。

“其身正，不令而从；其身不正，虽令不从。”领导者做出的决策要让职工信服，首先要持身端正，要有高尚的人格修养和道德品质，这样才能让职工亲近你、信服你，此所谓“亲其师，方能信其道”。其次领导者要率先垂范，制定的制度，自己必须要以身作则，如果作为政策的制定者都不能严格执行，下属也不会有好的执行。再次领导者要精于业务，要能够保证做出的决策是正确的，否则执行力越好效果越糟糕。最后领导者要始终如一，领导者不仅仅是决策者，更是执行者，一个决策完成后，领导者的任务才刚刚开始，他必须要坚持始终，强化过程管理和监督，保证执行的每个阶段和环节都不能走样，否则任何工作都会虎头蛇尾。正是陕北矿业各级主要领导做到了上述要求，陕北矿业团队工作氛围日益加强，形成了协同工作“氛围场”。

附录 A　陕北矿业基本建设管理水平驱动矩阵

驱动方式／管理目标／关键环节		管理驱动	
		创新	精细
「五拳」合力	工程造价	· 改变了过去设计上“无人管、不敢管”的情形，变“设计单位的事”为“陕北矿业的事” · 改变了以往先出图纸再算价的传统方式，将其变为“以价定量” · 在方案审定上下工夫，既要依靠设计人员，又不能盲目迷信他们 · 改变了工程变更管理方式	· 优化了招投标组织机构设置 · 优化了招标领导小组办公室的职责 · 优化了招标范围与权限 · 优化了招标项目审批程序 · 优化了招标程序 · 优化了招投标费用管理 · 明确工程预算审批部门职责 · 规范工程变更的种类、原则、审批程序
	进度控制	· 强化沟通管理 · 重大事项跟踪考核	· 明确计划管理程序 · 强化进度考核 · 管理绩效考核
	安全管理	· “大安全”理念 · 严格遵守煤矿安全规程	· 细化规划发展部的安全生产责任 · 现场管理 · 煤矿安全规程
	质量管理	· 严把“标准关” · 严把“验收关” · 严把“奖惩关” · 竣工结算后付款时，应注意按合同约定预留不少于工程结算金额 5% 的质保金	· 明确施工单位要严格按照设计要求和施工规范进行施工 · 明确监理单位要认真审查施工单位提交的施工方案，加强事前、事中和事后控制 · 明确建设单位负责监督检查监理单位和施工单位的质量控制体系 · 明确公司职能部门必须抽查施工单位和监理单位的工程资料，检查工程实体质量
	结算管理	· 确定定额标准 · 强化预算审批 · 强化合同管理 · 规范工程验收管理 · 细化工程结算流程 · 坚决杜绝概算超估算、预算超概算，结算超预算现象	· 制定了《陕北矿业公司工程预算定额选用管理办法》 · 制定了《预算审批管理办法》

附录 B　陕北矿业项目开发与建设管理体系

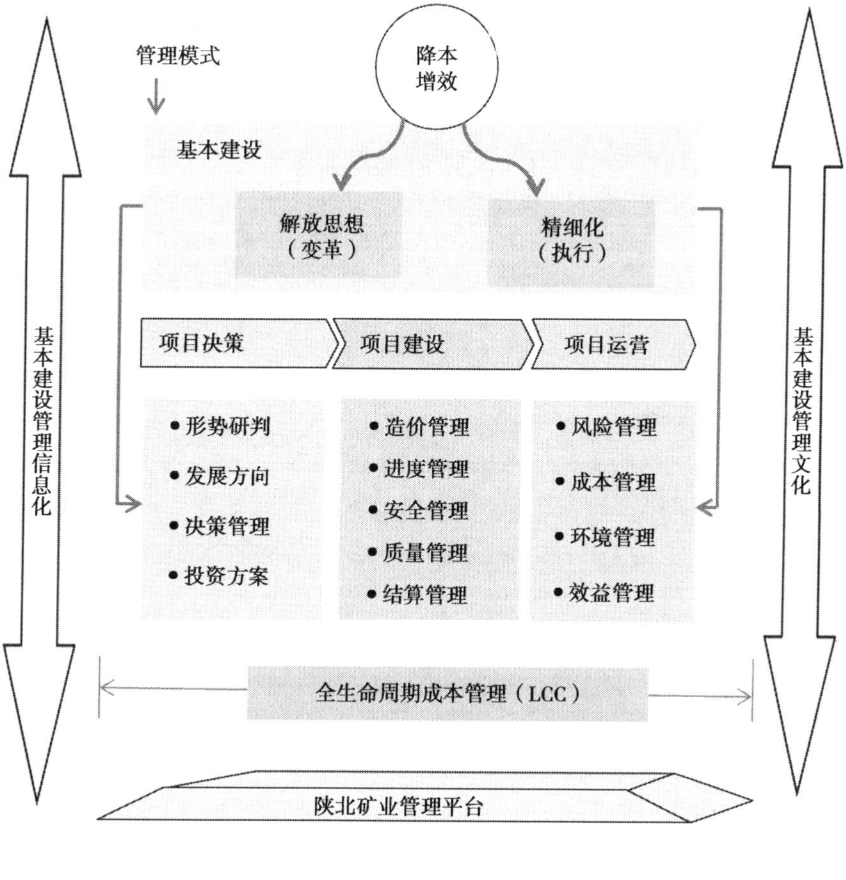

管理模式
降本增效
基本建设
解放思想（变革）
精细化（执行）
基本建设管理信息化
基本建设管理文化
项目决策
项目建设
项目运营
• 形势研判
• 发展方向
• 决策管理
• 投资方案
• 造价管理
• 进度管理
• 安全管理
• 质量管理
• 结算管理
• 风险管理
• 成本管理
• 环境管理
• 效益管理
全生命周期成本管理（LCC）
陕北矿业管理平台

参考文献

[1] 刘峰. 大型煤炭项目基本建设管理创新与实践 [J]. 中国煤炭, 2007, 33 (12): 4-7.

[2] 杨国枢, 苏朝晖. 煤矿建设与投资控制浅析 [J]. 中国矿业, 2010, 19 (1): 49-51.

[3] 刘胜志. 市场经济体系下煤矿基本建设管理模式研究 [J]. 煤炭经济研究, 2010, 30 (11): 46-48.

[4] 张光耀. 南梁模式 [M]. 北京: 煤炭工业出版社, 2015.

[5] 陈群, 成虎. 工程项目管理 [M]. 北京: 中国建筑工业出版社, 2009.

[6] 皮德江, 黄如峰. 工程项目"管监一体化"模式发展前景初探 [J]. 中国工程咨询, 2015 (10): 15-17.

[7] 李强林. 论陕西煤炭工业的可持续发展 [J]. 煤炭经济研究, 2002 (9): 21-24.

[8] 李强林. 基于动态匹配的煤炭企业精细化管理模式 [J]. 中国煤炭工业, 2014 (3): 68-70.

[9] 邹绍辉, 李强林. 陕北矿业3F精细化管理 [M]. 知识产权出版社, 2015.